선하게 태어난 우리

MADE FOR GOODNESS
: And Why This Makes All the Difference
Copyright ⓒ 2010 by Desmond M. Tutu, Mpho A. Tutu
All rights reserved.

Korean translation copyright ⓒ 2012 by THOUGHTS OF A TREE
Korean translation rights arranged with Lynn C. Franklin Associates, Ltd.
through EYA(Eric Yang Agency)

이 책의 한국어판 저작권은 EYA(Eric Yang Agency)를 통해
Lynn C. Franklin Associates, Ltd.사와 독점 계약한 도서출판 나무생각에 있습니다.
저작권법에 의하여 한국 내에서 보호를 받는 저작물이므로
무단전재와 복제를 금합니다.

선하게
태어난
우리

노벨평화상 수상자 데스몬드 투투 대주교와
그의 딸 성공회 사제 음포 투투가 전하는 희망의 메시지

데스몬드 M. 투투, 음포 A. 투투 지음
더글러스 C. 에이브럼스 편집 | 장택수 옮김

추천사

투투 주교님은 이 책의 첫머리부터 매우 중요한 질문을 던집니다. '잔인한 사람들을 보면서도 사람에 대한 믿음을 가질 수 있을까?' '불의와 억압만 보이는 상황에서도 선함을 찾을 수 있을까?' 이것은 많은 페이지를 할애해야 할 매우 근본적인 질문입니다. 두 분은 결코 독자들을 실망시키지 않습니다. 편안한 어조로 실제 경험담을 이야기하면서 폭력과 희망은 전 세계에 만연한 동시에 언제나 우리 가까이에 있다고 설명합니다. 선함이 모든 것을 바꿀 수 있으며 우리가 창조의 세계에 선한 영향을 끼치는 도구로 창조되었다고 확신한다면, 이 책은 바로 당신을 위한 책입니다. 주위 사람에게 책을 빌려주기 전에 최소한 두 번은 읽기를 바랍니다. 한 장 한 장에 담긴 '하느님의 무게'가 피부에 느껴질 정도입니다. 그 깊이를 놓치지 마십시오.

-바바라 브라운 테일러,《세상의 모든 기도》의 저자

과연 투투 주교만큼 하느님의 임재와 선하심을 깊이 인식하는 사람이 또 있을까요. 주교님의 솔직담백한 조언을 듣고 있으면 하느님의 섭리와 사랑에 휩싸이는 기분입니다. 영적인 갈증이 있다면 이 아름다운 책을 마음껏 마시길 바랍니다.

-토마스 카힐,《미래는 내가 선택한다》의 저자

투투 주교님은 선에 살고 선을 호흡합니다. 인종차별이 극심하던 남아프리카공화국에서 믿기 어려운 정신적 충격과 잔혹행위를 견디고 무수한 폭력을 목격했음에도 투투 주교님은 여전히 사랑과 행복의 기운을 발산합니다. 주교님은 인간 내면에 존재하는 선에 대한 믿음을 어떻게 유지했는지 이야기합니다. 이 책은 인간의 선함과 하나됨을 알려주는, 세상을 향한 위대한 선물입니다.

−리처드 브랜슨, 버진그룹 회장

데스몬드 투투 주교님은 말과 행동이 일치하는 분입니다. 언제나 사람들에게 자신을 아낌없이 내어주었으며 모든 일에서 깊은 영성이 묻어납니다. 이 책을 통해 소망과 기쁨의 비결을 알려준 주교님에게 무한한 감사를 전합니다.

−메리 로빈슨, 전 아일랜드 대통령

주교님은 우리가 하나라는 사실을 새삼 일깨워줍니다. 나는 우리가 있기에 존재합니다. 투투 주교님은 최악의 순간에도 우리의 형제자매들을 돌아보는 DNA가 우리에게 있다는 사실을 전해줍니다.

−보노(그룹 U2의 리드싱어)

투투 주교님이 이 책에서 이야기한 것처럼 '누구나 긍휼을 택할 수 있습니다.' 우리가 본래 선하고 온전하다는 사실을 일깨워주고, 우리에게 언제나 평화가 함께할 것임을 알게 해준 투투 주교님에게 감사드립니다.

−틱낫한, 《힘》《세이버》의 저자

일러두기

본문의 성서 구절은 대한성공회에서 사용하는 공동번역 성서(대한성서공회 펴냄)를 따랐습니다.

로로와 사랑하는 자녀들, 손자들에게
— 데스몬드 투투

조, 나이아니소, 오날레나에게
— 음포 투투

머리말

세계를 다니며 강연하다 보면 매번 같은 질문을 받곤 합니다. "주교님은 왜 항상 즐거우십니까?" "그토록 엄청난 불의와 억압과 잔혹한 일을 겪었으면서도 어떻게 사람들에 대한 믿음을 유지하고 계십니까?" "어떻게 세상이 더 나아지고 있다고 확신하십니까?"

이런 질문을 하는 분들이 정말로 알고 싶은 사실은 아마도 이러할 것입니다. '주교는 우리가 보지 못하는 무언가를 알고 있지 않을까?' '주교는 세상을 어떻게 바라보고 있으며 어떤 사명을 맡고 있을까?' '주교가 생각하는 하느님은 어떤 분일까?' '주교를 움직이는 믿음은 어떤 믿음일까?' '주교를 지탱해주는 영적 수행은 어떤 것일까?' '인간의 마음과 격동의 역사를 보면서도 결국 선이 승리하리라 확신하는 근거가 무엇일까?'

이에 대한 모든 대답이 이 책에 담겨 있습니다.

제 딸 음포 투투의 도움을 받아서 이 책을 함께 썼습니다. 저와 마찬가지로 음포 투투도 성공회 사제입니다. 둘 다 결혼해서 부모가 되었고, 근본적인 신념도 비슷합니다. 그렇지만 우리 둘은 이 책에 소개한 것처럼 각자 나름의 삶을 살아왔습니다.

우리의 경험과 우리가 성서를 통해 배운 것들 그리고 우리 삶의 일부가 된 이들을 만나면서 깨달은 중요한 몇 가지 진실을 이 책을 통해 독자들과 함께 나누려고 합니다. 첫째, 우리는 모두 선(goodness)을 위해 창조되었습니다. 이 사실을 깨닫고 나면 세상이 다르게 보일 것입니다. 둘째, 우리는 조건 없는 사랑으로 온전히 사랑받는 존재입니다. 그러므로 '선한 사람(being good)'이 되려는 노력을 멈추고 우리의 선한 본질대로 살아갑시다. 셋째, 하느님은 성공을 얻기 위해 온갖 스트레스 속에 분투하는 우리를 온전함으로 초청하십니다.

하느님은 우리에게 자유라는 선물을 주셨습니다. 진정한 자유를 얻으려면 옳은 일은 물론이고 그른 일을 선택할 자유 역시 필요합니다. 그러나 그러한 자유에는 까다로운 질문들이 따라옵니다. '우리가 고통스러워할 때 하느님은 어디에 계시는가?' '우리가 넘어질 때 하느님은 어디에 계시는가?' '하느님은 왜 우리에게 죄를 짓게 하시는가?' '고통스럽고 넘어지고 죄를 지었을 때 어떻게 해야 우리는 선을 향해 나아갈 수 있는가?' '어떻게 해야 우리의 본질을 찾을 수 있는가?' 이러한 질문들을 탐구해보려 합니다. 하느님의 음성을 들으면서 얻은 위로와 인도와 해답과 용납(acceptance)에 대해서도 이야기할 것입니다. 하느님의 음성을 듣고 하느님의 눈으로 볼 때 비로소 세상을 있는 그대로 바라볼 수 있습니다.

　우리는 여러 사건들을 겪으며 얻은 관점으로 위의 질문들을 다루고 진실을 탐구해보려고 합니다. 우리는 남아프리카공화국의 심각한 인종차별과 결혼과 육아를 경험했습니다. 그래서 이 책에는 우리 가정과 역사적 사건에 대한 이야기가 많습니다. 물론 독자들이 친숙한 성서 이야기도 포함되어 있습니다. 성서를 신성한 책으로 보든 좋은 책 정도로 보든 그 안에 담긴 이야기들은 인간의 본질에 대한 깊은 진리를 말하고 있습니다. 우리는 가르치거나 설교하거나 기도하거나 공부할 때마다 성서로 돌아갑니다.

 이 기쁜 순례의 여정에 여러분을 초대합니다. 우리가 다닌 지역들을 함께 둘러보고, 우리가 배운 교훈들을 함께 들어보십시오. 우리가 만난 사람들을 함께 만나보십시오. 우리와 함께 거룩한 땅을 걸어보십시오. 하느님의 눈으로 자신을 돌아보면 여러분의 삶 전체가 거룩한 땅이라는 사실을 깨닫게 될 것입니다.

추천사 ··· 4

머리말 ··· 8

1장 선함이 일으키는 변화 ··· 14

2장 선하려는 노력을 멈춰라 ··· 36

3장 온전함으로의 초대 ··· 60

4장 선택의 자유 ··· 82

5장 악의 습관 ··· 112

차
례

6장 우리가 고통받을 때 하느님은 어디에 계시는가 ⋯ 130

7장 우리가 넘어질 때 하느님은 어디에 계시는가 ⋯ 148

8장 하느님은 왜 죄를 짓게 하시는가 ⋯ 168

9장 선으로 돌아가는 길 ⋯ 184

10장 하느님의 음성 듣기 ⋯ 208

11장 하느님의 눈으로 보기 ⋯ 234

감사의 글 ⋯ 260

아이야, 내가 너를 만들었단다.

너를 나의 모습대로 만들었지.

나는 너를 선하고 자유로운 존재로 만들었단다.

1장
선함이 일으키는 변화

"임핌피(밀고자)!"

아파르트헤이트(인종차별정책)가 극심하던 시절 밀고자로 낙인 찍힌 사람은 생명이 위태로웠다. 남아공 보안경찰에 협조했다는 의심을 받으면 살아남기 힘든데, 한 흑인이 밀고자로 의심받아 땅에 내팽개쳐진 채 죽도록 매를 맞고 있었다. 군중의 신경은 날카로울 대로 날카로워진 상태였다. 1985년 7월 요하네스버그 동부의 두두자 지역에 긴 장례행렬이 이어졌다. 사망한 젊은이 네 명은 경찰에 의해 목숨을 잃은 것으로 알려졌다. 이에 격분한 사람들이 스파이로 지목된 사람에게 분풀이를 한 것이다. 그들은 휘발유를 뿌린 타이어를 배신자의 목에 걸 준비를 했다.

나는 다른 생각을 할 겨를도 없이, 격분한 군중 사이로 비집고

들어가서 외쳤다. "우리가 여러분의 지도자라고 생각합니까?" 사람들은 대답을 주저했다. "우리를 지도자라 생각한다면 잠시 우리 말을 들어보고 당장 행동을 중지하십시오." 성난 군중들을 설득하려고 나는 열심히 설명했다. 시므온 엔코아네 주교는 쓰러진 남자를 차에 태워 보냈다. 후에 텔레비전을 보고 나서야 당시 상황이 얼마나 심각했는지 알 수 있었다. 내가 영웅적인 행동을 했다고 자랑하려는 게 아니다. 이 사례를 통해 우리가 서로에게 얼마나 잔인한 폭력을 행사할 수 있는지를 말하고 싶을 뿐이다.

나는 시시각각으로 벌어지는 일련의 잔혹한 폭력과 범죄를 지켜만 보고 있을 수는 없었다. 3년 동안 남아프리카공화국 진실화해위원회 의장을 맡으면서 우리들의 정신에서 인종차별정책의 해악을 말끔히 제거하고 싶었다. 끔찍한 학대의 경험담이 이어졌다. 가해자들의 고백과 피해자들의 경험담을 듣는 동안 가슴이 미어졌다. 참혹한 이야기에 속이 메스꺼울 정도였다.

사람들에게 전해 듣거나 직접 목격했던 인간의 타락상은 실로 엄청났다. 1995년 아프리카 교회협의회 회장 자격으로 대학살이 발생한 지 1년이 지난 르완다를 방문했다. 투치족 수백 명이 대피했던 엔타라마 교회도 가보았다. 인종 간 폭력이 르완다에서 자행된 것은 1994년만이 아니었다. 그 이전에도 부족 간 싸움이 있었고 그때마다 교회는 외부의 광란을 피하는 도피처로 사용되곤 했다. 그러나 1994년 후투족은 그 어떤 도피처도 허용하지 않앉다. 투치족은 르완다 전역의 교회에서 처참히 살해되었다. 엔타라마 교회도 별반 다르지 않았다. 교회로 몸을 피한 여성과 아이들에게 교회는 안전한 피난처가 아니었다. 끔찍한 공포의 흔적이 교회에 그대로 남아 있었다. 옷가지와 짐 가방이 사람 뼈와 섞여 있고 아이들의 것으로 보이는 작은 해골들도 흩어져 있었다. 새 정부에서 시체를 치우지 않은 탓에 교회 안은 영안실이나 다름없었다. 교회 밖에는 대검에 찔린 해골들이 걸려 있었다. 기도해보려고 했으나 그저 눈물만 났다.

세계 곳곳에서 사람들은 이처럼 서로에게 잔인한 폭력을 행사하고 있다. 그동안 나는 수단, 가자지구, 북아일랜드를 방문하여 인간이 저지를 수 있는 잔혹한 행위를 두 눈으로 목격했다.

인간의 잔혹성은 사실 우리 가까이에서도 자행되고 있다. 가족이나 가까운 이웃에 의해 폭력이 일어나는 경우가 얼마나 많은가? 내 딸 음포 투투의 사역 이야기에 괴로웠던 기억이 난다. 음포가 남아프리카에서 성폭력 희생 여성들을 대상으로 사역하던 때 만난 열다섯 살 소녀는 아빠의 성추행과 엄마의 분노와 무력함을 피해 집을 뛰쳐나와 많은 밤을 학교 화장실에서 보냈다고 한다. 이웃에게 성폭행을 당한 여덟 살짜리 소녀는 가족을 죽이겠다는 협박이 무서워 가해자의 이름을 다르게 말했다가 두 번째 성폭행을 당한 뒤에야 사실대로 털어놓았다. 한 80대 여성은 낯선 사람에게 처참한 일을 당했다. 그녀를 치료했던 담당 의사는 "성기 부분이 심하게 찢어져서 상처를 어디부터 꿰매야 할지 모를 지경이었다"라고 말했다고 한다. 매사추세츠에서 만난 여성들은 인종도 다르고 경제 사정도 다르지만 가정폭력과 노숙 등 온갖 고초를 겪었다. 음포는 사정이 조금 나은 여성들과 힘을 모아 오갈 데 없는 여성들을 도왔다. 약물중독으로 인해 생계수단을 잃고 자존감도 상실하고 가족관계도 끊어지며 폭력으로 고통받던 가족들을 대상으로 상담도 했다.

결혼한 사람으로서, 성직자로서 그리고 부모로서 우리는 낙담과 실패와 절망을 경험해왔다. 나는 어린 시절 술 취한 아버지의 구타와 어머니의 비명 속에서 느꼈던 공포와 분노를 기억한다. 내 결혼 생활에서 사소한 말다툼이 결혼의 기쁨을 빼앗아 가는 순간들도 경험해보았다.

우리는 세상을 오염시키는 폭력, 상처, 증오를 너무나 잘 알고 있다. 그렇지만 우리가 서로에게 가하는 수많은 폭력과 상처들이 우리의 전부가 아니라는 소망이 있기에 나는 이 책을 쓴다. 여러분도 그 소망에 공감할 수 있길 바란다. 우리는 더 나은 무언가를 위해 만들어진 존재다. 우리는 선을 위해 창조되었다.

우리는 근본적으로 선하다. 그것이 우리의 본질이다. 그렇지 않다면 우리가 왜 악에 분노하겠는가? 우리는 나쁜 행동에 질겁한다. 그렇지 않은가? 악한 행위와 나쁜 일은 기준에서 벗어난 행위다. 나쁜 행위가 세상의 기준에 맞는다면 뉴스로 보도될 리도 없다. 살인과 난동이 정상적인 일이라면 아나운서들이 왜 목에 핏대를 세워가며 보도하겠는가? 살인과 난동은 결코 기준이 아니다. 기준은 선함이다.

우리가 존경하는 사람들을 생각해보자. 우리는 그들의 선함에 끌리는 경우가 많다. 성공가도를 달리는 사람들을 보면 그들의 돈이 내 은행계좌로 들어왔으면 하는 생각과 부러움이 있을망정 존경심은 생기지 않는다. 우리가 존경하는 사람들은 세상이 말하는 성공의 기준과 다르다. 그들에게는 다른 무언가가 있다. 바로 선함이다.

많은 사람들이 테레사 수녀를 존경한다고 말한다. 테레사 수녀는 카리스마가 넘치거나 성공을 거둔 사람이 아니다. 오랜 세월의 헌신에도 불구하고 캘커타 사람들은 여전히 가난으로 죽어간다. 그러나 테레사 수녀는 세상을 떠난 지금도 사람들의 존경과 관심과 칭송을 받고 있다. 마하트마 간디, 마틴 루터 킹 목사 역시 선을 실천한 덕분에 사람들에게 존경을 받는 것이다. 동시대의 인물로 넬슨 만델라가 있다. 그는 가는 곳마다 사람들의 환영을 받는다. 남성다운 힘이 넘치는 인물이라서가 아니라 선하고 관대한 그의 성품 때문이다.

여러분과 나도 기본적으로 선하다. 우리는 선에 맞춰져 있기에 악을 부인하고 악에 당당히 맞선다. 악이 끝까지 가지 못한다는 사실도 안다.

우리 자체가 선하게 설계되어 있으므로 악이 끝까지 주장을 내세우지 못한다. 선은 사리사욕을 뛰어넘는다. 친절은 호의를 베풀게 한다. 관용은 보답을 불러온다. 물질적 이득이 따르지 않더라도 내면에서 빛나는 친절의 빛을 가릴 수는 없다. 창조된 본래 모습에서 새어 나오는 빛이기 때문이다. 악하고 비열한 행동은 하느님이 우리 마음속에 심은 깊은 열망과 정반대다. 선함은 충동이 아니라 우리의 본질이다.

우리가 본래 선하다는 사실을 깨닫는 것이 매우 중요하다. 오늘날은 기술의 발전으로 지구 반대편에 사는 사람들의 소식이 우리 집 안방까지 전해진다. 지구상에는 서로 다른 문화, 인종, 종교, 배경을 가진 여러 인종이 한데 어우러져 살아가고 있다. 자동차로 다른 지역에 갈 시간이면 비행기로 다른 나라에 갈 수 있다. 과거에는 분쟁이 한 국가, 한 지역, 한 대륙에 국한되었으나 지금은 버튼 하나로 미사일을 발사해서 전 세계를 전쟁 속에 몰아넣을 수도 있다.

과거에는 서로의 차이를 인식하고 의심하는 일에 우리의 생존 여부가 달려 있었다. 누군가가 우리와 같은 집단이라면 그들의 의도를 의심하지 않았고, 우리 집단에 속하지 않은 사람들은 안전상 그들에게 악한 의도가 있는지 일단 의심부터 해야 했다. 이런 생각은 현대 사회에 와서도 우리의 행동에 여전히 남아 있다. 팔레스타인 사람들과 이스라엘 사람들 사이에는 끝없는 불신의 벽이 존재한다. 그리스도인들은 이슬람인들의 말을 들으려 하지 않고 묵살한다. 사회의 안전을 유지한다는 목적으로 피부색과 인종에 따라 용의자를 추적하는 '인종 프로파일링'의 적절성에 대한 논란도 끊이지 않는다.

더 이상 단일 민족으로 구성된 집단은 없다. 우리가 과거에 매달린다면 지구의 생존이 위태로워질 수 있다. 인류라는 하나의 공동체를 인정해야만 지구의 존립이 가능하다. 우리는 한 가족이며 근본적으로 선하다.

선함은 어떤 차이를 만드는가? 선함은 모든 것을 바꾼다. 우리가 철저히 이기적이고 잔인하며 냉정한 존재라면 매번 그런 성향에 맞서야 하고 우리의 추악한 자아가 나오지 않도록 강력한 통제 시스템이 필요할 것이다. 그러나 우리가 본래 선하다면 그 본성을 재발견하고 그에 맞게 행동하기만 하면 된다. 내 경우에는 인간이 선하다는 사실을 깨달은 이후 사람들을 대하는 태도가 달라지고 성서를 읽는 방식까지 달라졌다.

선함은 우리가 세상을 보는 방식, 사람들을 보는 방식, 무엇보다도 우리 자신을 보는 방식을 바꾼다. 스스로를 어떻게 보느냐는 매우 중요하다. 그에 따라 사람들을 대하는 방식이 달라지기 때문이다. 또한 선함은 우리 모두의 삶의 질에도 영향을 준다. 삶의 질이란 무엇일까? 그것은 매일 경험하는 상호작용의 총합이다. 한 번의 친절이 삶의 질을 높여주며 한 번의 폭력이 삶의 질을 떨어뜨린다.

　인간이 본래 잔인하고 이기적인 존재라고 믿는 사람은 그 믿음대로 행동한다. 그 행동의 대상이 된 사람들은 악의 결과를 감내해야 한다. 잔혹함은 몸에도 반영된다. 비열함은 얼굴에 드러나고, 인색함은 스트레스와 질병으로 나타난다. 한편 자신이 본래 선하다는 사실을 알면 행동이 달라진다. 훨씬 행복하고 건강해진다. 하느님은 참 지혜로운 분이다. 선하게 살면 기분이 좋다. 선이라는 우리의 깊은 열망과 본질에 충실하면 삶이 영원히 달라진다. 한 사람 한 사람의 삶이 달라지면 세상도 달라질 것이다.

　선 그 자체이신 하느님은 우리를 선하게 만드셨다. 우리는 하느님을 위해, 하느님처럼 만들어졌다. 하느님이야말로 선함의 정수이다. 구약에 나오는 창조 이야기에는 인간의 진실이 담겨있다. 과학적 사실이 아니라 우리가 살아가는 방식에 영향을 주는 절대적 진실이다. 내 딸 음포와 나처럼 성서를 신성한 글로 대하는 사람이든, 아브라함의 믿음을 갖고 있지 않지만 성서를 흥미롭게 읽는 사람이든 성서는 수 세기에 걸쳐 정제된 통찰과 지혜를 제공한다. 창조의 핵심은 우리가 하느님에 의해, 하느님을 위해, 하느님의 모습대로 만들어졌다는 사실이다. 이것이 어떠한 의미인지 알아보자.

　성서의 첫 번째 책인 〈창세기〉에는 두 가지 창조 이야기가 나온다. 두 이야기 모두 인간에 대한 진실을 담고 있다. 우선 하느님이 모든 만물을 창조하시는 아름다운 이야기를 보자. 과학적 사실이 아닌 깊고 오묘한 진리의 차원에서 읽어보기 바란다.

> 한처음에 하느님께서 하늘과 땅을 지어내셨다. 땅은 아직 모양을 갖추지 않고 아무것도 생기지 않았는데, 어둠이 깊은 물 위에 뒤덮어 있었고 그 물 위에 하느님의 기운이 휘돌고 있었다. 하느님께서 "빛이 생겨라!" 하시자 빛이 생겨났다. 그 빛이 하느님 보시기에 좋았다. 하느님께서는 빛과 어둠을 나누시고 빛을 낮이라, 어둠을 밤이라 부르셨다. 이렇게 첫날이 밤, 낮 하루가 지났다. (창세 1:1-5)

닷새 동안 "~이 생겨라"라고 하신 하느님 말씀으로 창조가 일어났다. 빛과 어둠, 하늘과 물, 낟알을 내는 온갖 풀과 씨 있는 온갖 과일나무가 돋아난 마른 땅, 해, 달, 별, 바다의 고기와 공중의 새, 집짐승과 길짐승과 들짐승의 온갖 동물 등 모두가 "~이 생겨라"라는 말씀대로 창조되었다. 여섯째 날 변화가 일어난다. 창세기 저자는 뭔가 중요한 일이 일어나리라는 암시를 보낸다. 하느님은 "~이 생겨라"라는 지금까지의 방식에서 벗어나 "~하자"라고 말씀하신다. 하느님의 형상을 닮았으며 하느님의 창조를 지킬 청지기이자 하느님을 대표할 이 특별한 피조물의 등장은 전체 창조계에 영향을 주었다.

> 하느님께서는 "우리 모습을 닮은 사람을 만들자! 그래서 바다의 고기와 공중의 새, 또 집짐승과 모든 들짐승과 땅 위를 기어 다니는 모든 길짐승을 다스리게 하자!" 하시고, 당신의 모습대로 사람을 지어내셨다. 하느님의 모습대로 사람을 지어내시되 남자와 여자로 지어내시고. (창세 1:26-27)

모든 창조 행위를 마치신 하느님의 반응은 "좋구나" 정도가 아니었다. "이렇게 만드신 모든 것을 하느님께서 보시니 **참 좋았다**"(창세 1:31). 모든 것이 **참** 좋았다. 인간을 비롯하여 그 무엇에도 악함이 들어 있지 않았다.

우리는 하느님이 보시기에 참 좋은 존재다. 그러나 사람들 간에 벌어지는 공포와 슬픔 앞에서 어떻게 이 사실을 믿을 수 있을까? 우리가 하느님의 모습대로 만들어졌다는 사실을 알면 믿을 수 있다. 믿음의 고백이나 신조가 아니라 우리가 누구이고 어떤 존재인지를 가장 잘 표현하는 말이기 때문이다. 아직 자신이 얼마나 놀라운 존재인지 깨닫지 못했는가? 하느님의 모습대로 만들어졌다는 말을 받아들이기 어려운가? 우리는 쉽게 잊어버리고 잘 믿지 못한다. 우리는 분명 하느님의 모습대로 만들어졌다. 하느님이 우리를 거인으로 만드셨는데 우리는 스스로 난장이로 살고 싶어 하는 것 같다.

우리는 창조주와 마찬가지로 창조의 재능을 받았다. 몸으로 표현하는 무용수, 그림을 그리는 화가, 훌륭한 음식을 만들어내는 요리사, 모래성을 만들고 진흙을 가지고 노는 아이들을 보면 인간에게 내재된 창의력을 볼 수 있다.

이 창의력을 좋은 목적에 쓰느냐 나쁜 목적에 쓰느냐는 우리의 선택이다. 예술적 감각으로 집 안을 꾸밀 수도 있지만 돈을 위조할 수도 있다. 다양한 물질을 혼합하여 우물을 정화할 수도 있지만 수로를 오염시킬 수도 있다. 프랑스 베르사유 궁전과 버지니아 주의 마운트버넌(미국 초대 대통령 조지 워싱턴의 저택과 정원이 있는 곳-옮긴이)은 인간이 만들어낸 결실이다. 그러나 앙골라와 캄보디아에서 여전히 많은 사람들을 불구로 만들고 목숨을 앗아가는 지뢰밭 역시 인간이 고안했다.

우리는 창의력 면에서 하느님을 닮았다. 또한 자유 면에서도 하느님을 닮았다. 하느님은 우리와의 관계에서 자신을 절제하신다. 하느님은 우리에게 은사와 재능을 어떻게 사용할지 선택할 자유를 주셨다. 선한 부모이신 하느님은 우리의 선택 앞에서 자신의 힘을 유보하신다. 어린 아들이 빽빽 소리를 내면서 클라리넷을 연주하는 모습을 자랑스럽게 바라보는 어머니의 마음으로 우리를 바라보신다. 우리가 넘어지고 실패하고 쓰러졌을 때는 자녀의 실수를 안타까워하는 부모의 마음으로 고통을 감내하신다. 다양한 표현 방법을 가진 우리는 하느님을 닮았다.

우리는 하느님을 닮았을 뿐만 아니라 하느님을 위해 만들어진 존재이기도 하다. 우리 존재의 중심에는 거룩함을 향한 갈망이 있다. "여러분은 자신이 하느님의 성전이며 하느님의 성령께서 여러분 안에 살아 계시다는 것을 모르십니까?"라고 외쳤던 사도 바울로의 말도 있지 않은가. 믿음의 사람들은 성전을 무한한 존경과 경외감으로 대한다. 사실 믿음이 없는 사람들도 성전으로 여기는 장소들이 있다. 어떤 사람들은 집이나 정원을 성전처럼 정성 들여 돌보기도 한다. 내 아내 레아는 집안일은 싫어하지만 정원 가꾸는 일에는 시간 가는 줄 모른다. 지금까지 살았던 집을 생각해보면 사랑스럽고 정리정돈도 잘 되어 있었다. 특히 정원은 영혼이 새로워지는, 영적으로 충만한 오아시스 같은 공간이었다. 사무실이나 작업실이 성전같이 중요한 사람들도 있을 것이다. 당신이 경외심을 갖고 정성 들여 돌보는 공간은 어디인가?

우리는 성령이 거하는 성전이다. 우리의 몸과 자아, 우리 존재의 중심에 성령이 거하신다. 우리 안에 계시는 성령은 하느님께서 우리 안에 들어오시도록 간구하신다. 성 아우구스티누스의 말이다. "주님이시여, 당신께서는 당신 자신을 위하여 우리를 만드셨습니다. 우리 마음은 주님 안에서 안식을 찾을 때까지 평안하지 못합니다."

우리가 하느님을 위해 만들어진 존재라는 말은 곧 우리가 하느님을 결코 충분히 경험할 수 없다는 뜻이다. 우리에게는 하느님을 향한 굶주림이 있다. 그런데 우리가 갈망하는 대상이 하느님이라는 사실을 종종 잊어버린다. 마치 새벽 세 시에 배가 고파 냉장고 문을 열고 아무거나 닥치는 대로 먹어보지만 결코 만족감이 없는 경우와 비슷하다. 왠지 모르게 계속 불만족스럽지만 딱히 무엇이 필요한지 모르는 상태다. 그래서 우리는 하느님을 향한 굶주림을 분주함, 최신 제품, 보물로 채우고 시간이 흘러서야 비로소 정말 필요한 건 아직 얻지 못했음을 깨닫는다.

우리는 하느님을 열망하면서도 방황한다. 우리는 누구나 선하게 살기를 바라며 지혜로운 충고로 자신을 인도해줄 교사나 조언자를 찾는다. 누가 그런 교사와 조언자가 될 수 있을까? 도움을 요청할 곳은 많지만 결국 우리가 귀담아들어야 할 대상은 하느님이다. 어떻게 하면 하느님에게 다가갈 수 있을까? 어떻게 하느님의 말씀을 들을 수 있을까? 하느님은 손이 닿지 않는 먼 곳에 계신 듯하고 음성도 들리지 않는다. 가끔 하느님의 음성이 들리기는 하지만 우리와 다른 언어로 말씀하시는 것 같다.

이 책에서 나는 어떻게 하느님과 대화하는 방법을 배웠는지 이야기할 것이다. 그보다 더 중요한 일은 하느님의 음성을 듣는 것이다. 어떻게 해야 하느님의 주파수에 맞추어 하느님의 언어를 이해하며 우리의 삶을 향한 하느님의 조언을 들을 수 있을까? 우리는 우리에게 생명을 주는 일에 마음이 끌린다. 우리 영혼을 뒤흔들고 우리에게 생명을 주는 분은 하느님뿐이다. 우리는 생명을 주시는 하느님을 위해 만들어진 존재다. 우리는 우리를 살아 있게 하시는 하느님에 의해 만들어졌다.

우리는 하느님의 호흡으로 생명을 얻었다. 하느님의 호흡이 우리를 지탱한다. 〈창세기〉에 나오는 두 번째 창조 이야기를 보자. 요즘 물웅덩이와 진흙 놀이에 푹 빠져 있는 어린아이를 둔 음포는 이 두 번째 창조 이야기에 깊이 매료되었다. 이 이야기에서 우리는 흙을 만지작거려서 아담을 만드는 하느님의 모습을 떠올리게 된다. 하느님은 이 첫 번째 인간에게 생명의 호흡, 하느님 자신의 숨을 불어넣으셨다.

> 하늘과 땅을 지어내신 순서는 위와 같았다. 땅에는 아직 아무 나무도 없었고, 풀도 돋아나지 않았다. 야훼 하느님께서 아직 땅에 비를 내리지 않으셨고 땅을 갈 사람도 아직 없었던 것이다. 마침 땅에서 물이 솟아 온 땅을 적시자 야훼 하느님께서 진흙으로 사람을 빚어 만드시고 코에 입김을 불어넣으시니, 사람이 되어 숨을 쉬었다. (창세 2:4-7)

우리는 매 순간 하느님의 호흡으로 존재한다. 매 순간이 하느님의 선택에 달렸다. 하느님이 우리에게 불어넣는 호흡을 단 1초라도 중단하시면 우리의 생명은 끝이다. 놀라운 사실이다. 우리가 악하다고 일컫는 사람들도 마찬가지다. 신실한 사람이든 악한 사람이든 하느님은 언제나 그들 가까이에 계신다. 우리가 선

그 자체인 하느님과 닮은 모습으로 지어졌다는 사실을 아시기에 하느님은 한 사람도 포기하는 법이 없다.

  이는 믿음으로 하는 말이 아니라 과학적 사실이다. 선함이 중요한 생존전략이라는 것을 과학이 증명한다. 하느님은 우리가 서로에게 의존하며 살게 하셨다. 동물학자 프란스 드 발(Frans de waal) 박사는 이렇게 설명한다. "인간은 '상호군집', 즉 함께 살아야 하는 동물군에 속한다. 그래서 배척당하는 것에 대한 두려움이 마음 한편에 존재한다. 무리에서 쫓겨나는 일은 최악의 상황이다. 이는 성서 시대나 오늘날이나 마찬가지다. 진화는 소속과 용납의 필요성을 서서히 주입시켰다. 우리는 철저히 사회적인 동물이다."

  인간의 생존에 대한 초기 연구에서는 인간이 스트레스에 '투쟁 혹은 도피'로 반응한다고 했다. 그러나 이후의 연구에 따르면 스트레스에 대한 반응은 제각각이다. 투쟁이나 도피 대신 '보살핌과 어울림'으로 반응하는 사람들도 있다. 우리는 아이를 보살피고 서로를 보호하고 지원함으로써 종족의 생존을 유지해왔다. 이러한 관계 패턴은 물리적 생존뿐 아니라 심리적 안정에도 기여한 바가 크다. 자녀 양육에 많이 관여한 사람은 아이를 재우면서 심리적 만족을 느낀다. 음포와 나는 아이의 상처에 입을 맞추고 꿈에 나타난 괴물을 포옹으로 물리치는 부모의 기쁨을 잘 알고 있다. 연약한 상대를 보살피는 일은 관심을 베푸는 사람이나 관심을 받는 사람 모두에게 정신적으로 유익하다. 노인의 경우 반려동물을 돌볼 때 육체적·심리적으로 얻는 유익이 크다. 반려동물은 산만한 아이를 안정시키는 데도 도움이 된다.

코사족 언어에서 유래된 우분투(Ubuntu)는 아프리카의 전통 관념으로서 '보살핌과 어울림'이라는 생존전략을 의미한다. 인간은 생존과 번영을 위해 서로가 필요하다는 개념이다. 한 개인은 다른 개인들을 통해서만 존재할 수 있으며 살아남으려면 서로를 돌봐야 한다.

배려하는 마음, 선함에 대한 본능이야말로 인간을 연결하는 반짝이는 실과 같다. 물론 인간의 선함이라는 천이 빛을 잃고 너덜너덜해질 수도 있다. 잔인하고 냉혹한 행위도 저지른다. 그러나 인간인 우리는 우리 존재의 근간이 되는 경건함을 완전히 찢어 버리거나 파괴할 수 없다. 우리의 본질은 달라지지 않는다. 선 그 자체인 하느님이 우리를 만드셨다. 우리는 하느님을 닮았으며 선을 위해 만들어졌다.

우리가 읽는 성서 말씀, 우리가 속한 장소, 우리가 만나는 사람들, 과학적 증거, 인생 경험 모두 선이 우리의 본질적 자질임을 확증한다. 다음 장에서는 '선한 사람이 되는 것'이 잘못된 목적임을 알아볼 것이다. '선한 사람'이 되어야 한다는 개념에는 하느님의 사랑과 은혜를 얻기 위해 무수한 '의무'와 '책임'을 치러야 한다는 생각이 들어 있다. 우리는 하느님의 사랑을 이미 소유

하고 있기에 따로 분투할 필요가 없다. 우리의 공로가 아닌 그분의 사랑에 대해 개인적인 경험으로 이야기를 풀어보겠다.

　잠시 침묵하면서 우리 마음에 말씀하시는 하느님의 음성에 귀를 기울여보자.

아이야, 내가 너를 만들었단다.
너를 나의 모습대로 만들었지.
나는 너로 인해 기쁘지만
내 마음은 아프구나.
너는 분주함 속에 기쁨을 잃고
단 일 분도 멈추어
나에게 귀를 기울이지 않는구나.

생명의 삶을 찾아
사방으로 헤매며 삶을 구하는구나.
내가 여기 이렇게 있는데 보이지 않니?
나는 네 기도만큼 가까이 있단다.
내 숨소리도 들을 수 있지.

너는 세상의 즐거움 속에서 나를 찾는구나.

끝없이 이어지는 일들

계속 늘어나는 경험들

더 이상 기억나지 않는 장소들

그 무엇도 너에게 참된 만족을 주지 못한단다.

나는 바로 여기에 있단다.

네 기도만큼 가까이 있지.

네 숨소리도 들을 수 있지.

내가 너를 만들었단다.

나는 너를 바랐지.

너는 나를 닮았단다.

나는 너를 선하고 자유로운 존재로 만들었단다.

잘 들어보렴. 나는 네 안에 듣는 마음을 새겨 넣었단다.

귀를 기울이면 내가 곁에 있다는 걸 알 수 있어.

나는 네 기도만큼 가까이 있단다.

네 숨소리도 들을 수 있지.

네가 걱정이나 경배의 말을 하기 전에

이미 나는 귀를 기울이고 있단다.

네가 기쁨의 찬양을 부르고 고통으로 신음하기 전에

이미 나는 말하고 있단다.
나는 여기에 있단다.
네 기도만큼 가까이 있지.
나는 네 숨소리까지 들을 수 있단다.

내 호흡으로 네 생명이 정해지지.
네 마음의 기쁨도 내가 그려 넣었는데 찾아보았니?
네 중심에 있는 생명의 본질도 찾아보렴.
네 안에 선한 불을 피워놓았단다.
내 숨으로 그 불꽃이 피어나지.
내가 바로 여기에 있단다.
네 기도만큼 가까이 있지.
나는 네 숨소리까지 들을 수 있단다.

네게는 호흡을 선택할 자유가 있단다.
나와 함께 생명의 호흡을 숨쉬어보지 않겠니?
너를 위해 준비한 기쁨을 누려보지 않겠니?
여기 이렇게 있는 나를 찾아보지 않겠니?
기도를 속삭여보렴.
내 숨을 들이마셔보렴.

내 사랑을 얻기 위해

반드시 이겨야 하는 경주도 없고

넘어야 할 장애물이 있는 것도 아니란다.

나는 내 사랑을 이미 너에게 주었단다.

2장

선하려는 노력을 멈춰라

나는 수화기를 내려놓자마자 부모님 집으로 달려갔다. 따사로운 아침 햇살 속을 달리면서 기쁨을 억누를 수가 없었다. "아들, 아들이 생겼다!" 1956년 당시만 해도 출산은 전적으로 여성의 몫이었다. 남자는 병원에서 서성이거나 기다릴 수도 없었다. 그저 불안한 마음으로 멀리 떨어져 있어야 했다. 크루거도프 병원은 부모님 집에서 거리가 좀 있었다. 내가 살고 있는 흑인 거주지 문시에빌에서 택시로 이동하기에도 불편했다. 차도 없는 데다 내 일정을 감안하면 날마다 가는 것도 불가능했다. 흑인 거주지는 전화도 드물었다. 그나마 벨 간호사의 집이 근처에 있었다. 나는 아내 레아가 병원에 간 뒤에 상황을 알아보려고 전화 연락을 취했다. 불안했던 몇 시간의 기다림 끝에 복받쳐 오르는 기쁨과 사랑을 만끽했다. 우리의 축복인 탐산카가 태어난 것이다. 쌕쌕거리는 아이의 얼굴을 보기도 전에 나는 이미 사랑에 빠졌다. 아들이 태어나는 과정에서 나는 하느님의 생명을 경험했다. 무조건적인 사랑이 무엇인지도 배웠다. 아이가 내 사랑을 얻기 위해서 한 일은 아무것도 없었다. 세상에 태어나서 첫 숨을 쉬는 순간부터 이미 내 마음을 사로잡았다. 나는 아들의 존재 자체를 사랑했다. 무조건적인 사랑이다.

한 아이가 두 남녀의 사랑 속에서 태어나든 전혀 다른 상황 속에서 태어나든 그것은 중요하지 않다. 부모가 아기의 탄생을 기쁨으로 대했는지, 불안과 후회 속에 두려워했는지도 중요하지 않다. 영원 전부터 하느님은 사랑과 기쁨으로 모든 탄생을 기다리고 계셨다. 하느님은 예레미야에게 "내가 너를 점지해주기 전에 나는 너를 뽑아 세웠다"라고 하셨다. 우리 모두에게 해당되는 말이다. 세상을 창조하시기 전에, 아담에게 숨을 불어넣으시기 전에 이미 하느님은 우리를 알고 사랑하셨다. 하느님은 마치 세상에 사랑할 대상이 우리 한 명뿐인 것처럼 우리를 사랑하신다.

예수님이 〈마태오의 복음서〉에서 말씀하셨듯이 하느님은 "머리카락까지도 낱낱이 다 세어두실" 만큼 우리를 귀하게 여기신다. 그것은 당시 제자들이나 그리스도교 공동체에만 해당되는 말이 아니라, 모든 인류를 향한 하느님의 말씀이다. 우리 개개인은 하느님께 귀한 존재다. 우리를 존재하게 하고 우리에게 생명을 주시는 이 사랑은 우리에게 너무도 과분하다. 하느님은 우리가 사랑스럽기 때문에 사랑하시는 게 아니다. 오히려 하느님이 사랑하시기에 우리가 사랑스러운 존재가 되는 것이다.

하느님의 사랑을 얻기 위해 노력하기 전에 이미 그 사랑이 우리에게 선물로 주어졌음을 기억하라. 우리는 하느님이 우리를 사랑하시도록 하느님 마음에 들어야 한다는 생각이 있다. 그래서 열심히 노력한다. 그러나 하느님은 언제나 우리를 사랑하고 받아주신다. 아니 영원 전부터 사랑하셨다. 하느님의 사랑은 우리를 향한 선물이다.

어찌 보면 모든 것이 선물이다. 우리가 수고해서 얻어야 할 것은 아무것도 없다. 그런데 어느 순간부터 우리는 성취의 문화에 이끌려 잘못된 길로 가고 있다. 조건 없는 수용을 이해하지 못한다. 노력이라도 하면 가상히 봐주시지 않을까 하는 생각에 어떻게든 하느님을 감동시키려고 애쓴다. 이미 우리가 갖고 있는 것을 얻기 위해 애쓰다가 힘만 소진한다.

많은 사람들이 선한 일에 헌신한다. 자신의 유익을 위해서가 아니라, 바로잡아야 할 일에 힘쓴 사람들은 우리의 박수갈채를 받기에 마땅하다. 그들은 정의를 세우고 모두의 이익을 위해 노력하며 헌신과 열정이 넘친다.

선한 일에 매진하면서 결코 지치지 않는 사람들이 있다. 영혼을 소생시키고 생명을 주며 공의를 세우는 일에 의지와 활력과 열정을 가지고 임한다. 반면에 동일한 의지와 활력과 열정을 가졌으나 그 수고 때문에 파멸로 가는 사람들이 있다. 그들의 일이나 헌신, 열정이 파괴적이지는 않다. 그들도 분명한 목적과 공의를 향한 열망으로 모든 일을 시작한다. 그러나 그 뒤에 마귀의 조종이 있다. 목적 뒤에 숨어 있는 마귀의 정체는 '충분하지 않다는 두려움'이다. 여기에는 충분히 일하고 있지 않다는 두려움도 포함된다. 아무리 해도 부족하다는 두려움은 일에서 기쁨을 빼앗고 에너지도 빼앗아 간다.

보이지 않는 마귀는 선한 일을 자기 뜻대로 조종하고 일에서 느끼는 기쁨도 낚아챈다. 마귀에게 마음을 빼앗기면 헌신과 훈련이 짐처럼 느껴진다. 최선을 다해서 즐겁게 하던 일이 부담으로 다가온다. 설렘을 갖고 첫 발걸음을 내딛었던 일이 목적도 없고 공허한 의무와 헛수고로 느껴진다. 기쁨과 사랑으로 한다면 지극히 평범한 일에서도 생명을 느낄 수 있지만, 마귀에게 조종당하면 제 아무리 기쁜 일을 해도 그 안에서 생명력을 전혀 느끼지 못한다.

마귀의 조종을 받지 않고 살아가는 삶은 어떤 삶일까? 내 영적인 형제 달라이 라마는 그 의미를 아는 사람이다. 달라이 라마는 중국에게 점령당한 티베트를 떠나 50여 년간 인도에서 망명생활을 했다. 그에게는 삶에 불만을 가질 이유가 충분했다. 그러나 그는 놀라울 정도의 침착함과 소년 같은 순진함을 갖고 있다. 그에게 이렇게 말해야 할 정도다. "이봐 친구, 카메라가 우리를 찍고 있잖나. 근엄한 모습 좀 보이세." 그래도 속수무책이다.

그는 확실한 존재감이 있다. 매우 경건하며 자기관리도 철저하다. 매일 아침 일찍 일어나 묵상과 기도를 한다. 그러기 위해 밤에 정해진 시간 이후에는 일하지 않는다. 티베트의 정신적 스승인 그는 이 시간을 "나와 대화하는 시간"이라 부른다. 달라이 라마는 망명정부의 지도자로서도 활동했다. 중국 정부는 티베트의 국가적 정체성과 문화를 말살하기 위해 이주정책을 펴고 있다. 이 중대한 문제 앞에서 달라이 라마는 매우 신중한 입장이다. 결코 외압에 눌리지 않고 언제나 재치와 유머가 넘친다. 그의 중심에는 모든 인간에게 선물로 주어진 기쁨이 있다.

마귀는 어떻게 우리에게서 기쁨을 빼앗아 갈까? 마귀는 우리에게 충분하지 않다는 두려움과 함께 사랑을 얻으려면 완벽해져야 한다는 생각을 심어놓는다. 하느님의 사랑을 얻기 위해 완벽함을 지불해야 한다고 생각한다. 그래서 우리는 본래 선하다는 사실을 인식하지 못하고 '더 선한 사람', '더 선한 일'을 위해 끊임없이 노력한다. 사실 나쁜 일이나 잘못된 일을 하려는 성향을 극복하기 위해 노력할 필요는 없다. 우리가 하는 모든 일 속에서 우리가 만들어진 목적을 성취하며 우리의 본질인 선함을 마음껏 누리면 된다. 선하려는 노력을 멈추고 본래 갖고 있는 선함으로 살면 된다.

선함은 하느님의 사랑을 얻기 위해 치러야 할 대가가 아니다. 우리의 선함은 이미 우리가 받은 선물과 사랑이며 우리가 인정하고 감사할 대상이다. 아직 받지 못한 것에 대한 요구가 아니라 이미 받은 풍성한 선물에 대한 반응이다. 우리 안에 이미 존재하므로 세상에 환원해야 하는 것이기도 하다. 누군가에게 사랑을 받은 사람은 자기에게 사랑을 준 대상에게 최선의 모습을 보이고 싶어 한다. '사랑에 대한 반응으로 하는 일'과 '사랑받기 위해 하는 일' 사이의 거리는 사실 매우 가깝다. 그러나 기쁨으로 충만한 평안과 근심으로 가득한 절망은 우리 선택에 달려 있다. 거룩한 사람처럼 행동하려고 노력하지 말고 인간의 선함에서 나오는 기쁨과 관대함으로 살라.

원래 선한 삶을 부여받았는데도 그 사실을 잊고 '선한 사람'이 되기 위해 '선한 일을 하는 삶'에 집중하다 보면 선한 행동을 해야 하느님의 사랑을 얻을 자격이 있고, 선한 행동이 하느님의 사랑을 더욱 많이 받게 한다는 그릇된 확신이 생기게 된다. 반복해서 말하지만 하느님의 사랑을 위해 완수해야 할 임무는 없다. 하느님은 이미 우리를 온전히 사랑하시며 조금이라도 덜 사랑하시는 법이 없다.

우리의 행동 때문에 하느님의 사랑이 줄어드는 일도 없다. 14세기 신비가 노르위치의 줄리안(Julian of Norwich)이 이런 말을 남겼다. "확신하건대 하느님은 우리를 만드시기 전에 우리를 사랑하셨고 이전에도 앞으로도 그 사랑은 결코 줄지 않는다." 우리가 쓰러지고 넘어지고 실패하며 기대에 못 미치면 하느님이 우리를 벌하실 거라 생각하는 사람이 많다. 그러나 전혀 그렇지 않다. 하느님은 여전히 우리를 온전히 사랑하신다. 우리가 부족하더라도 우리를 향한 하느님의 사랑에는 변함이 없다. 우리는 무한한 사랑을 받았으므로 받은 만큼 돌려드리고 우리를 사랑하는 분에게 기쁨을 주어야 한다고 생각한다. 그러나 우리는 모든 일이 우리에게 달려 있다는 생각 때문에 넘어진다. 아무것도 증명할 필요가 없는데 스스로 자신의 가치를 입증하려고 하기 때문에 실패에 무너지고 절망한다.

하느님의 온전한 사랑이란 무엇일까? 그 사랑을 어떻게 닮을 수 있을까? 온전한 사랑에 통달한 사람은 아무도 없다. 하느님의 그 온전한 사랑은 우리 머리로 상상하기가 불가능하다. 온전한 사랑은 감정이 아니다. 우리가 어떻게 느끼는가도 아니다. 우리의 행동이다. 온전한 사랑은 자존심을 벗어난 행동이며 자신이 사랑받을 자격이 있는지에 관심을 두지 않는다. 온전한 사랑은 아낌없이 내어주는 사랑이다. 주는 기쁨에 우러나서 자신을 내어주는 행동이다. 자극이 필요하지 않고 반응이나 보상도 기대하지 않는다. 하느님은 언제나 사랑으로 행동하는 분이기에 하느님의 사랑은 온전하다.

최근 들어 불륜에 대한 소식이 방송에 자주 등장한다. 불륜 때문에 언론의 관심을 한 몸에 받았던 사람이 이제는 결혼에 충실하겠다면서 "다시 아내와 사랑하기 위해 노력하겠다"고 말한다. 실망스러운 약속이 아닐 수 없다. 처음 결혼을 서약할 때는 아내와 "사랑하기 위해 노력하겠다"고 말하지 않았다. 변덕스러운 감정은 우리의 통제권 밖에 있다. 결혼 서약은 서로가 서로를 사랑한다는 전제 아래 이루어진다. 이미 사랑하는 것과 사랑하려고 노력하는 것은 다르다. 감정을 선택할 수는 없지만 어떤 행동을 할지는 선택할 수 있다.

우리가 언제나 사랑으로 행동하는 것은 아니다. 분노로 행동하는 경우도 있다. 수치심, 질투, 불안, 교만, 원한으로 행동하기도 한다. 증오로 행동할 때도 있다. 우리는 결코 온전히 사랑하지 못하지만 하느님은 언제나 온전히 사랑하신다. 하느님의 온전한 사랑을 닮을수록 우리 중심에 존재하는 선함이 삶에 나타난다.

〈루가의 복음서〉 15장에는 하느님의 온전한 사랑을 알려주는 비유들이 나온다. 길 잃은 양을 찾아 나서는 선한 목자의 이야기에도 온전한 사랑이 담겨 있다. 평화롭게 풀을 뜯어먹는 아흔아홉 마리의 양을 남겨두고 잃어버린 한 마리 양을 찾은 목자는 그 양을 정신없이 날뛰는 골칫거리로 보기는커녕 승리의 영웅이라도 되는 것처럼 어깨에 들쳐 메고 의기양양하게 돌아온다.

'탕자의 비유'에 나오는 아버지도 온전한 사랑을 보여준다. 아들은 자기 몫의 재산을 달라더니 땅을 판 돈을 가지고 먼 지역에 가서 흥청망청 재산을 탕진해버린다. 빈털터리가 되자 친구들도 하나둘 떠나고 홀로 남겨진 채 한없이 비참해진 그는 돼지 먹이라도 먹게 해달라고 간청한다. 결국 자기 행동을 후회하며 아버지 집으로 돌아가기로 결심한다. 아들로 받아주기를 바라지도 않고 그저 품꾼으로 써주면 감지덕지한 마음이었다. 저 멀리 오고 있는 아들을 본 아버지는 한걸음에 달려가서 아들을 맞이한다. 용서를 구하는 아들의 말이 끝나기도 전에 아들을 꼭 껴안으며, 아들에게 제일 좋은 옷을 입히고 손에 가락지를 끼우고 발에 신을 신기라고 하인들에게 말한다. 돌아온 아들을 위해 살찐 송아지를 잡으라는 지시까지 내린다. 부모의 뜻을 거역하고 집을 떠난 아들 때문에 고통을 받았음에도 아버지의 사랑은 결코 줄어들지 않았다.

탕자를 보자. 그는 아버지의 사랑을 당연한 일로 여기지 않았다. 자기가 저지른 잘못 때문에 아버지에게 거부당할 수도 있다고 생각했다. 사실 우리는 부모님의 사랑과 희생을 당연한 일로 여긴다. 자신을 희생하는 부모의 사랑이야말로 온전한 사랑이다. 내 경우에도 나를 위해 희생하신 어머니의 사랑이 있었다. 지금도 생생하게 기억나는 사건이 있다.

요하네스버그 반투 고등학교에 다닐 때였다. 당시 웨스트랜드에서 흑인 학생이 다닐 수 있는 고등학교는 세 곳뿐이었다. 크루거도프의 백인들을 위해 일하는 흑인들은 문시에빌에 모여 살았는데 그곳에서 가장 가까운 학교는 반투 고등학교였으나 기차로 40분이나 떨어져 있었다. 시간과 교통비를 아끼려고 나는 소피아타운의 부활공동체(Community of the Resurrection)에서 운영하는 호스텔에서 숙식했다. 호스텔에서 학교까지는 걸어서 15분 거리였다. 집에는 2주에 한 번씩 주말에 갔다.

  한번은 주말을 맞아 집에 갔는데 직장에 있어야 할 아버지가 한낮에 집에 있었다. 휴가를 얻었나 생각했는데 그게 아니었다. 우리 가족은 부모님 월급으로 근근이 살아가고 있었기에 아버지가 돈을 벌지 못하면 어머니 수입에 의존하는 수밖에 없었다. 주말이 끝나고 내가 학교에 돌아갈 시간이 되었다. 기차표 살 돈이 필요했다. 크루거도프에서 호스텔과 가장 가까운 웨스트버리까지 가는 기차 요금이 2실링 정도였지만 그조차도 없었다. 나는 월요일 아침에 어머니가 일하는 백인 가정집까지 따라갔다. 어머니는 그 집에서 하루 종일 빨래와 청소와 다림질을 한 후 일당 2실링을 받았다. 그 돈이면 설탕 230그램, 옥수숫가루 약간, 제일 저렴한 고기 조금을 구입해서 저녁을 차릴 수 있었다.

  그날 어머니는 하루 일을 시작하기 전에 일당을 미리 받았다. 기나긴 하루 일은 상관없었다. 그저 아들을 사랑하는 마음뿐이었다. 하루치 일당을 아들에게 주었으니 하루 종일 일하고 빈손으로 집에 돌아가야 했다. 집에 돌아갈 버스비도 없어 집까지 걸어가야 할 참이었다. 저녁상을 차릴 돈도, 다음 날 일을 하러 나올 차비도 없었다.

우리 어머니가 특별한 사람은 아니다. 대부분의 아버지와 어머니들이 가족을 부양하기 위해 오랜 시간 묵묵히 일한다. 날마다 온전한 사랑을 몸소 실천하는 사람들이다.

온전한 사랑의 특징은 무엇일까?

온전한 사랑은 대응이 아닌 호응적인 사랑이다. 순간에 생기는 감정에 의존하지 않는다. 온전히 사랑하는 사람은 감정과 상관없이 선한 일을 택한다. 인내의 한계를 뛰어넘어서 인내한다. 고통과 스트레스, 슬픔, 피로에도 불구하고 자신을 온전히 쏟아붓는다. 온전한 사랑은 마음대로 통제되지 않는 아이를 향한 부모의 사랑에서도 볼 수 있다. 부모들은 화와 짜증이 나지만 참고 기다리며 토하는 아이를 안아서 달래고 악몽을 꾼 아이에게 졸린 눈을 비비며 달려간다.

사랑의 선교수녀회(Missionaries of Charity)의 한 수녀도 온전한 사랑을 보여주었다. 그녀는 궁핍하고 병에 걸린 사람들이 위엄 있게 죽음을 맞이할 수 있도록 그들을 품에 안았다. 사랑의 선교수녀회 설립자인 테레사 수녀는 "평생 짐승처럼 살았던 사람들이라도 사랑과 보살핌 속에서 천사처럼 아름다운 죽음을 맞이할 자격이 있다"라고 말했다.

추운 밤거리를 헤매는 매춘부들에게 따끈한 수프를 주거나 거리에서 헤매는 아이들에게 담요를 주는 사람들에게서도 온전한 사랑을 발견할 수 있다. 스스로 깨닫지는 못하지만 하느님께 온전한 사랑을 받았기 때문에 실천할 수 있는 것이다. 우리가 자격을 갖추었는지에 상관없이 정원에 떨어지는 빗방울, 우리의 행동을 생각하면 폭풍이 불어야 마땅한데도 우리에게 쏟아지는 따뜻한 햇살, 아름다운 자연, 뜻밖의 친절, 아이들의 웃음에도 하느님의 온전한 사랑이 담겨 있다. 우리가 수고한 것도 아니고 받을 자격도 없지만 수백 가지 은혜가 우리의 하루하루를 채운다.

우리 그리스도인들을 성찬의 사람들이라고 부르는 이유가 여기에 있다. 늘 받기만 하는 존재인 우리는 감사가 넘치는 사람이 되도록 부름받았다. 우리의 선함이 우리의 성찬(Eucharist)이다. 우리가 받은 모든 것에 대한 감사의 예식인 것이다.

놀랍게도 남아프리카에서는 HIV/에이즈 위기가 성찬을 낳게 했다. 이는 사랑과 하느님에 대한 무한한 감사가 있기에 가능한 일이다. 케이프타운 외곽의 흑인 거주지에서 음포가 경험한 이야기를 들어보자.

구굴레투는 별로 아름다운 지역이 아니다. 거센 바람을 막기 위해 집들이 다닥다닥 붙어 있다. 얼마나 가까이 붙어 있느냐 하면 옆집에서 대화하는 소리를 귀 기울이지 않아도 쉽게 들을 수 있을 정도다. 수돗물이 나오는 집도 많지 않다. 수돗물이 나온다고 해도 집 안이 아닌 마당에 수도꼭지가 있을 뿐이다. 마당이라고 해야 1미터가 안 된다. 음포가 방문한 마당에는 풀과 꽃은커

녕 사람 발자국만 있었다.

얼마 전 음포는 팀원들과 함께 마포셀라 부인의 집을 방문했다. 그녀의 집은 도로와 택시 승강장, 시장으로 북적대는 지역 한복판에 있었다. 부인은 에이즈로 부모를 잃은 아이들을 돌보고 있었다. 에이즈로 죽어가던 한 아이 엄마로부터 아이를 돌봐달라는 부탁을 받은 이후 아이들이 하나둘 늘었다. 심지어 아이 엄마들이 아이들을 문 앞에 두고 가는 일까지 생겼다. 음포의 팀이 방문했을 때 방이 세 개뿐인 작은 집에 생후 8개월에서 18세에 이르는 아이들 20명이 살고 있었다. 대부분의 아이들은 초등학생 나이대였다. 모자감염으로 태어날 때부터 에이즈 바이러스에 감염된 아이들도 있었으나, 감염되지 않은 아이들이 대부분이었다.

아이들이 밖에 나가서 노는 낮에도 집은 비좁았다. 손님 열 명이 들어서니 꽉 찬 느낌이었다. "저는 여자아이들과 자고 사내아이들은 식탁과 의자를 치우고 잡니다"라고 마포셀라 부인이 말했다. 골판지 모양의 철판으로 대충 만든 집 옆의 판잣집은 임시 유치원이자 예배당으로 사용되었다. "전에는 택시를 타고 교회에 갔는데, 이제 이 많은 아이들을 데리고 갈 수가 없어서 부제님이 오셔서 예배를 인도해주세요"라고 부인은 말했다.

이웃 여성들이 집에 와서 음식이나 집안일을 도와주고 있었다. 아이들끼리도 큰 아이들이 어린 아이들을 돌봐주었다. 여섯 살인 아이가 이제 막 걸음마를 떼는 아이를 일으켜주었다. 아이들은 밝고 건강하고 깔끔하며 만족해하는 모습이었다.

마포셀라 부인은 세금 낼 돈을 걱정할 때마다 늘 돈이 들어왔다고 했다. 현재 그녀의 집은 '결핵과 에이즈 발생률에 대한 연구'에 포함된 덕분에 안정적인 수입이 생겼다. 그녀가 자리에 앉자 아이들이 가까이 다가와서 무릎에 기어오르고 다리에 매달리고 품에 안기는 등 정신이 없었다. 그녀는 아이들을 안아주고 쓰다듬어주면서 다른 아이의 코를 닦아주고 우는 아기를 달래고 뽀뽀하며 자연스럽게 대화를 이어갔다. 모든 아이들이 그녀에게서 아낌없는 사랑을 받고 있었다. 그 많은 아이들을 돌보는 일에 지칠 만도 한데 그녀는 걱정 대신 사랑과 감사로 충만했다.

이것이 마포셀라 부인만의 상황이 아니라는 점을 기억하자. 남아프리카 전역의 도시와 마을에서 평범한 여성들이 이렇게 성찬의 삶을 선택하여 살고 있다. 부자도 아니고 교육도 받지 못한 여성들이 대부분이다. 하지만 그들은 선한 삶을 택했다. 갈 곳 없는 아이들에게 자신의 마음과 가정을 개방했다.

사랑을 실천하다 보면 위험한 지역에 가야 할 때도 있다. 자기를 희생하고 선과 사랑을 선택해야 한다. 다르푸르의 난민수용소에서 수고하는 재난구호 봉사자들이야말로 진정한 영웅들이다. 대부분이 편안하고 안전하고 안정된 삶이 보장된 국가에서 왔다. 한 번 왔던 사람들이 다시 온 경우도 많다. 여성들은 더 위험하다. 납치, 강간, 살인의 위험이 도사리고 있다. 사랑이 아니고서는 절대 올 수 없는 지역이다. 세상으로부터 박수갈채를 받는 것도 아니지만 그들은 묵묵히 용감하게 일하고 있다.

수용소 생활은 비참하기 그지없다. 수용소라는 말이 과연 어울리기나 할까 싶을 정도다. 수용소 건물은 텐트나 판잣집 정도가 아니라 모래로 대충 만든 구조물에 불과하다. 북아프리카의 따가운 햇살, 밤에 찾아오는 사막의 추위를 피할 수도 없다. 사생활이란 꿈도 꾸지 못한다. 수용소 사람들의 삶은 짐승이나 다름없다. 수용소를 벗어난 여성들은 납치, 강간, 살인의 위험에 처한다. 손쉬운 공격 대상이다. 유엔-아프리카연합 혼성평화유지군(UNAMID)의 무장 상태 역시 충분치 않다. 그야말로 무법지대나 다름없다.

다르푸르는 인간이 얼마나 잔인하고 악하며 잘못될 수 있는지를 여실히 보여준다. 그렇지만 인간의 내적 선함을 완전히 제거하기란 불가능하다. 인간의 품위라고는 찾아보기 힘든 누추한 수용소에서 나는 흰옷을 입고 품위를 지키는 무슬림 남자들을 보았다. 우리와 이야기하는 다르푸르 여성들은 웃음이 끊이지 않았다. 테러, 전쟁, 수용소가 있기 전에는 의사, 교사, 변호사로 일하던 이 여성들은 수단이 지금의 정치적 난국으로부터 벗어날 방법에 대해 이야기하곤 했다. 난민수용소 생활의 스트레스와 힘겨운 상황에도 그들은 삶의 기쁨을 잃지 않았고 불안과 고통 속에서도 은혜와 감동을 간직하고 있었다. 무슬림 남자들의 당당함과 여성들의 기쁨을 보면서 나는 인간의 선함이 지속된다는 사실을 확인했다.

이러한 이야기를 들으면 새로운 감동을 받기도 하지만 일말의 죄책감도 느낀다. 우리가 최선을 다해 사람들을 돕지 못한 게 아닌가 싶어서다. 한편으로는 우리가 선한 본성으로 산다면 어떤 일을 할 수 있을지를 새삼 깨닫는다. 더 할 수 있는데도 마귀의 방해 때문에 중간에 멈추는 일이 없기만을 바랄 뿐이다. 모든 사람의 마음속에 마포셀라 부인이 존재한다. 우리의 영혼에 살아 있는 긴급구호 대원을 잊지 말자. 어떤 상황에도 감사와 기쁨의 웃음을 잃지 않는 다르푸르의 정신도 기억하자. 우리 안에서 밖으로 표출되기를 기다리는 이 선한 본성을 우리는 얼마나 인식하고 실천하는가? 우리는 더욱 긍휼을 베풀고 더욱 관대한 사람이 되기를 열망한다. 선하고 사랑받는 사람이 되기 위해서가 아니라, 사랑을 주는 일 자체가 크나큰 기쁨이기 때문이다.

그렇다고 마포셀라 부인의 삶이 늘 기쁨만 있을까? 물론 아니다. 구호대원들이 개인적 희생을 감내하고 있을까? 물론 그렇다. 다르푸르 난민들도 눈물을 흘리고 근심할까? 물론이다. 그러나 누구에게 물어봐도 실천하는 선함과 사랑을 통해 얻는 보상이 무궁무진하다고 대답할 것이다. 이타심은 진정한 평화로 가는 문이다.

지극히 평범한 우리 일상에서 이런 사랑의 선함을 어떻게 표현할 수 있을까? 사심 없이 사랑하고 선함과 긍휼을 표현하려면 대단한 영웅이 되거나 지구 반대편으로 날아가야 할까? 그럴 필요는 없다. 미국에서는 보육사들의 임금이 가장 낮은 수준에 속한다고 알려져 있다. 날마다 수백만의 아이들이 그들의 보살핌 아래 많은 시간을 보내는데도 말이다. 교사는 자존심보다 사랑의 행동을 선택한다. 아이들을 돌보기 위해 피곤함을 무릅쓴다. 한편 아이들을 맡긴 부모들은 선생님들의 선한 본성을 신뢰하고 돈을 지불한다. 선생님들의 감정이 어떠하든 그들의 행동이 사랑에서 우러나기를 기대한다.

고아원의 경우 보육사들에게 고마워하며 찾아오는 부모들은 없다. 분쟁이나 전쟁으로 고아가 된 아이들을 바깥세상의 분열로부터 보호하는 일은 어른들의 책임이다. 사랑의 기술을 기억하고 가르쳐야 한다.

나탈리는 르완다의 한 고아원에서 어린아이를 품에 안고 있었다. 나탈리는 투치족이다. 그녀의 가족은 후투족 폭도들에게 몰살당했다. 품에 안은 아이는 그녀의 아이가 아니다. 게다가 후투족 아이다. 아이의 부모가 죽었는지 투옥되었는지는 아무도 모른다. 어쩌면 나탈리의 가족을 죽인 사람들의 아이일 수도 있다. 나탈리는 자신이 살아 있음에 감사하다고 말했다. 그녀의 품에 있는 아이는 살아 있으며 안정이 필요하다. 그녀의 이 작은 사랑의 행동은 희망의 행동이다. 포옹은 지극히 평범한 행동이며 하루에도 전 세계에서 백만 번 넘게 되풀이된다. 나탈리의 포옹은 인간이 선하다는 증거다. 인간의 잘못된 행위에도 불구하고 그 선함은 사라지지 않는다. 선한 본성 때문에 나탈리는 어쩌면 원수일 수 있는 아이를 선한 하느님이 주신 선한 선물로 여겼다.

지구 반대편에 사는 사람들이 부모로서 할 수 있는 지극히 평범한 행동은 감사 기도다. 음포는 피곤하지만 아픈 아이 곁에 앉아 있다. 기나긴 하루 일을 마치고 집에 돌아와서는 머리에 열이 나서 짜증을 내는 아이가 잠들 때까지 계속 옆에 있어준다. 밤이 지나면 또다시 길고 긴 하루가 시작된다. 아픈 아이 때문에 밤에 잠도 못 잔다는 음포의 말을 들으면서 나는 40년 전에 열이 나는 음포를 재우려고 전전긍긍하던 내 모습이 떠올랐다. 하느님이 주신 선한 본성은 이렇게 세대에 걸쳐 이어진다.

선하게 사는 삶은 자신이 하느님의 온전한 사랑을 받은 존재임을 안다는 증거다. 그러나 다음 장에서 살펴보겠지만 우리 대부분은 이 사실을 머리로만 알고 있다. 죄책감과 수치심에 사로잡힌 사람들, 흠 없이 완전무결한 삶을 위해 자신을 괴롭히는 사람들도 많다. 하느님은 죄책감, 수치심, 불안감에서 빠져나오라고 우리를 부르신다. 우리는 전혀 다른 삶으로 초청받았다. 그것은 내가 외할머니 집에서 처음 발견했던 삶이기도 하다. 조금 뒤에 그 이야기를 소개하겠다.

잠시 침묵하면서 우리 마음에 말씀하시는 하느님의 음성에 귀를 기울여보자.

아이야, 그렇게 애쓰고 노력하지 않아도 된단다.
내 사랑을 얻기 위해 반드시 이거야 하는 경주도 없고
결과물로 증명해야 하는 일이나
넘어야 할 장애물이 있는 것도 아니란다.
나는 내 사랑을 이미 너에게 주었단다.
세상이 창조되기 전에 나는 이미 너를 사랑했단다.
흙으로 아담을 빚으면서도 너를 꿈꾸었고
자궁 속에 있는 너를 보았지.
그때부터 나는 너를 사랑했단다.

내 멍에를 메고 나에게서 배우렴.
내 멍에는 편하고 내 짐은 가볍단다.
네가 정한 속도로 가는 걸음을 멈추렴.
그렇게 달리다 보면 정작 일을 마치기도 전에
힘을 다 써버려 지치고 말 거야.
나와 보조를 맞추어 함께 걸어가자.

내가 네 삶의 문제들을 모를 거라 생각하니?

나에게 인정을 받으려고 너는 완벽을 추구하고 있구나.

나에 대한 잘못된 이미지 때문에

너 자신을 엉망으로 만들기도 하는구나.

내가 너를 만들어 어머니 뱃속에 넣었는데

내가 너를 모르겠니?

내가 무화과나무를 심고서 장미가 피기를 바라겠니?

그렇지 않다.

나는 내가 추수하고 싶은 씨를 뿌렸단다.

너는 내 마음에 꼭 드는 아이야.

너의 가장 큰 기쁨을 구하면 거기서 나를 발견할 수 있을 거야.

너 자신에게 가장 충실할 때 그 중심에 내가 있단다.

네가 기쁜 일을 하렴.

그러면 나와 함께 일하게 될 거야.

나와 함께 걷고

네 삶을 발견하고

내 안에 숨으렴.

무엇을 물어보든

내 대답은 사랑이란다.

내 음성을 듣고 싶다면

사랑에 귀를 기울이렴.

나를 기쁘게 할 수 있는 방법이 궁금하니?

내가 알려주마.

사랑하렴.

강하고 깨어지지 않고 흔들리지 않는 사랑.

나를 찾고 있니?

사랑 안에서 나를 찾을 수 있어.

내 비밀을 알고 싶니?

비밀은 오직 하나야.

바로 사랑이지.

나를 알고 싶니?

나를 따르고 싶니?

나에게 가까이 오고 싶니?

그렇다면 사랑을 구하고 사랑으로 섬기렴.

세상에 가득한 모든 슬픔들

고통과 굶주림,

나와 함께 울지 않겠니?

기쁨도 나와 함께하자꾸나.

3장
온전함으로의 초대

나는 외가가 있는 스터톤빌에 가는 날만을 손꼽아 기다리곤 했다. 스터톤빌은 백인 도시인 복스버그 인근에서 흑인들이 머무는 기숙사 역할을 했다. 인종차별정책이 있던 당시 남아프리카의 모든 백인 지역에는 이처럼 흑인들만의 거주 지역이 따로 있었다. 우리가 살던 문시에빌 역시 크루거도프 외곽에 있는 흑인 거주지였다. 크루거도프에서 복스버그까지 기차를 타고 한 시간 정도 가는 길은 어린 나에게 흥미진진한 모험이었다. 여름방학이 시작됨과 동시에 우리 가족은 스터톤빌 외가로 갔다. 문시에빌의 초등학교 교장이었던 아버지는 여름이면 복스버그의 주류점에서 배달 아르바이트를 했다.

　외할머니는 백인 가정에서 빨래를 했다. 사촌들과 내가 바닥에 앉아 하루 종일 할머니를 기다렸던 기억이 지금도 생생하다. 할머니는 보통 네다섯 시 정도에 집에 돌아왔는데 할머니가 골목으로 오는 모습이 보이면 우리는 곧장 할머니에게로 달려갔다. 할머니는 손을 내저으며 "저리 가라 요런 강아지들!"이라고 말했다. 할머니 손에는 빵과 잼이라는 엄청난 선물이 들려 있었다. 일하는 집에서 받은 아침식사를 아껴두었다가 우리를 위해 가져온 것이었다.

지금 생각하면 이상할 정도로 당시의 나는 우리 집이 가난하다고 느낀 적이 없다. 장난감이 없어서 철사로 공을 만들고 구두약 통으로 자동차를 만들었다. 동네에 아이스크림 트럭이 오곤 했는데 어쩌다 생긴 동전으로 막대 아이스크림을 사 먹을 때의 기분은 최고였다. 그중 가장 즐거웠던 일은 이따금 저녁에 공짜 영화를 보는 것이었다. 〈차는 몸에 좋아(Tea is good for you)〉 같은 영화도 볼 수 있었는데, 영화를 보고 나서의 흥분은 오랫동안 지속되었다.

스터튼빌의 외가가 비좁았다는 기억은 없다. 방이 네 개였는데 크리스마스 때면 외할머니, 부모님, 사촌 둘, 누나와 여동생, 그리고 나까지 여덟 명이 한 집에 있었다. 철판으로 만들어진 집이었지만 벽도 있었고 아주 형편없는 상태는 아니었다. 외벽은 철판, 바닥은 흙벽돌이었다. 용변은 서너 집이 공동으로 양동이 화장실을 이용했다. 하루에 두 번 공동수도에서 길게 줄을 서서 양동이에 받아온 물로 요리도 하고 청소도 하고 세수도 하고 집안일을 했다. 집은 넓은 대지에 세워져 있었다. 할머니는 한쪽 채소밭에 옥수수를 심고 호박이나 당근, 시금치도 심었다. 우리 가족은 하나같이 집 안 관리에 열심이었다. 날마다 집과 마당을 쓸었다. 먼지가 많아서 물을 뿌린 뒤에 집 앞 거리까지 비질을 하곤 했다.

환한 조명과 아름답게 장식된 방과 욕실이 있는 집에서 편히 지내고 있는 지금 그때를 돌아보면 부족한 점이 많지만, 어린 나에게 스터톤빌의 외가는 완벽 그 자체였다. 모두가 편안하고 사랑이 넘쳤다. 세상의 관점에서 바라보았을 때 스터톤빌에서 우리 가족의 삶은 완벽과 거리가 멀 수 있지만, 열악한 상황이 만들어낸 부족함의 간극을 사랑과 관심이 채웠기 때문에 우리에게는 어느 곳보다 최상이었다.

앞에서 나는 우리가 선해지기 위해 애쓰지 않아도 된다고 설명했다. 이번 장에서는 티 하나 없이 완벽한 삶을 만들기 위해 자신을 다그칠 필요가 없다는 점을 설명하고 싶다. 현실에서의 완벽함은 우리가 자신에게 들이대는 불가능한 판단 기준과 전혀 다르다.

스터톤빌의 외할머니 집이 지닌 완벽함은 우리를 향한 하느님의 초대, 그리스도인을 향한 예수님의 명령에 담긴 완벽함과 비슷하다. 〈마태오의 복음서〉에는 "하늘에 계신 아버지께서 완전하신 것같이 너희도 완전한 사람이 되어라"라는 말씀이 나온다. 평범한 인간의 시각에서 이 말씀을 보면 스트레스와 불안을 느낄 수 있다. 많은 사람들이 선한 사람이 되려고 부단히 노력한다. "완전한 사람이 되어라"라고 하신 명령으로 볼 때 완전함이란 가능성 정도를 넘어서 거룩한 삶에서 성취할 수 있는 일로 보인다.

완전함이라는 말의 의미는 무엇일까? 한계를 뛰어넘으라는 말일까? 그동안 무수히 떨어졌던 시험이 생각나는가? 달성하지 못한 목표가 떠오르는가? 부모님, 선생님, 친구, 배우자가 세운 불가능한 기준? 스스로 자신에게 세운 불가능한 기준도 될 수 있다. 사실 "완전한 사람이 되어라"라는 말을 들으면 도저히 달성하기 어려워 보이는 명령에 마음이 불편해진다. 흠 없이 완벽해지라는 명령으로만 들린다. **그러나 하느님은 흠 없이 완벽한 사람을 만들려고 당신을 초대하신 것이 아니다.**

음포는 이를 악물고 두 주먹을 불끈 쥔 채 완벽하려고 애쓰는 인간의 노력을 잘 알고 있다. 여러 곳을 다니며 강의와 설교를 하는 음포는 엄마로서 어린 딸들을 데리고 다닐 때도 많다. 음포는 며칠 전에 끝난 컨퍼런스의 참석자들이 모인 곳에서 큰 소리로 울어대는 아이를 데리고 비행기를 타면서 자신은 '완벽한 부모상'을 받을 자격이 없다는 생각이 들었다고 했다.

음포가 가진 완벽한 부모의 모습이 다른 부모들의 생각과 다를 수도 있다. 하지만 울며불며 떼쓰는 아이를 달래는 일은 모든 엄마들이 겪는 어려움이다. 또한 그 자리에는 음포에게 동정 어린 눈길로 공감의 시선을 보내는 아빠들도 많았을 것이다. 모든 부모가 원하는 완벽한 부모의 자리에 오른 사람은 단 한 명도 없다.

각 세대마다 특별히 관심을 두는 것이 있는데, 지금 세대는 남을 이김으로써 자기 가치를 평가받으려는 경향이 강하다. 우리는 불가능한 기준을 세워서 자기 자신에게 들이댄다. 수입에 대해서도 현실보다 훨씬 높은 수준을 기대한다. 주택 규모나 은행 계좌, 그 외 우리가 중요하게 생각하는 자산 규모에 대해서도 동일한 기준을 사용한다. 더 넓은 집, 더 많은 재산, 더 좋은 차, 더 비싼 옷, 더 나은 외모 등으로 끊임없이 누군가와 비교한다. 다른 집 아이는 언제나 공부도 잘하고 악기도 잘 연주하고 무용도 잘하고 연극에서 주연도 척척 맡는 것 같은데, 우리 아이만 처지는 느낌이 든다. 늘 부족하다. 힘겨운 경쟁 속에 있다 보니 완전하라는 명령이 불가능한 요구로만 보인다. 더 큰 기쁨으로의 초청이 아니라 또 다른 실패의 기회로 생각된다.

완전하라는 하느님 말씀은 명령이 아니라 초청이다. 불가능한 일이 아니라 가능한 일에 대한 초청이며, 생명과 기쁨을 주는 일로의 초청이다. 하느님은 우리를 하느님의 완전함으로 초청하신다. 하느님의 완전함은 흠이 없음이 아니다. 하느님의 완전함은 온전함이다.

삶의 여러 어려운 상황에도 개의치 않고 충실히 살아온 사람들에게 온전함을 배워보자.

음포는 성필립보 성당 어머니회 여성들에게서 온전함을 배웠다고 한다. 음포가 남아프리카 그레이엄즈타운에서 신학교를 다니던 시절에 참여한 이 모임은 다양한 인생 경험과 경제 상황을 겪은 여성들로 구성되어 있었다. 일을 하고 있거나 은퇴한 전문직 여성들이 많았는데, 특히 교사와 간호사가 많았다. 작은 사업을 하거나 가정부로 일하는 여성들, 무직 여성들도 있었다. 그러나 흑인 거주지 라이니의 흑인들 대부분이 그렇듯이 이 여성들도 능력 이하의 일을 하고 있었다.

회원들은 목요일마다 모여서 기도하고 찬양하고 성서 공부를 하며 삶을 나누었다. 살면서 겪는 모든 역경과 실망을 모두가 솔직하게 이야기했다. 아픈 아이에 대한 걱정, 남편의 불륜에 대한 분노, 직장 문제도 털어놓았다. 물론 기쁜 일도 함께 나누었다. 뜻밖의 횡재에 대한 감사, 출산으로 얻은 행복, 가족 문제를 해결한 안도감 등 삶의 크고 작은 일들을 이야기했다.

여성들은 서로에게 솔직했다. 힘든 사람에게는 위로와 도움을 주고 시련을 겪는 사람에게는 함께 기도하며 조언해주고 현실에 안주하지 않도록 서로 힘을 북돋웠다. 고통과 굴욕과 실패가 얽히고설켜서 선한 방향이 보이지 않을 때는 지혜를 모아 함께 길을 찾았다. 특별한 축복을 경험한 사람이 있으면 함께 기뻐했다.

인생의 실수와 실패와 한계를 모두 신앙생활의 일부로 받아들였다. 서로가 서로에게 온전한 삶과 선한 삶의 모범을 보여주었다. 하느님이 말씀하신 온전한 삶을 살려면 어떻게 해야 하는지를 함께 배운 것이다.

하느님은 박물관만 한 저택이나 잡지에 실릴 만큼 잘 꾸며진 정원, 결점 하나 없는 외모를 위해 우리를 부르시지 않는다. '나', '내 것', '나부터'로 이루어진 삶이 겉으로는 흠 없이 완벽해 보일지 모르지만, 하느님이 말씀하신 온전한 삶은 아니다. 하느님은 우리를 선한 삶으로 초대하신다. 선한 삶이란 자신과 사람들 모두가 형통한 삶이다.

세상의 특권, 지위, 성공의 기준에 있어서 나의 친구 고(故) 베이어스 노데는 '온전한' 삶을 보여준다. 아프리카너(남아공의 네덜란드계 백인-옮긴이) 성직자인 그의 집은 골수 백인 집안이었다. 아버지는 비밀결사 조직인 아프리카너 형제연맹(Afrikaner Broederbond)의 창립 멤버였는데, 이 단체는 백인들의 이익을 지키기 위해 아파르트헤이트를 유지하는 것을 목적으로 했다. 베이어스는 25세에 형제연맹 최연소 회원으로 가입했으며 네덜란드 개혁교회의 지도자이자 네덜란드 개혁교회 종교회의 의장에 오르기도 했다.

그러나 겉으로 완벽해 보이는 그의 삶의 기초는 견고하지 않았다. 남아공 네덜란드 개혁교회는 인종차별정책 위에 신학적 기틀을 두고 있었다. 그렇기 때문에 기도하고 공부하고 묵상할수록 인종차별정책이 비성서적이고 비그리스도적이라는 사실에 반박의 여지가 없었다.

베이어스는 자신이 세운 다인종 기관 남아프리카 크리스천연구소(Christian Institute of Southern Africa)와 그동안 자신이 애정을 가지고 이끌던 네덜란드 개혁교회 중 하나를 선택해야 하는 순간이 오자 양심에 순응하기로 했다. 1963년 9월의 어느 일요일, 그는 자신의 결심을 공언했다. "우리는 사람보다는 하느님께 충성해야 합니다." 그렇게 말하고 나서 가운을 단상에 벗어놓고 밖으로 걸어 나갔다. 종교회의 의장직도 내려놓았으며 지역 의장도 그만두었다. 네덜란드 개혁교회 성직자로서의 지위를 잃었고 백인들은 그와 그의 가족을 외면했다.

그의 삶은 파멸된 듯했다. 그러나 베이어스는 겉으로만 흠 없이 완벽한 삶 대신에 진정 완벽하고 온전한 삶, 자신이 누릴 수 있는 삶을 택했다. 다른 아프리카너들은 그를 배척했지만 남아프리카의 흑인 사회는 그를 두 팔 벌려 환영했다. 그는 알렉산드라 지역의 흑인 네덜란드 개혁교회에 출석했다. 모든 인종의 사람들이 그의 집에 찾아왔으며 다양한 교단의 목회자들이 그에게 조언을 구했다. 인종차별 철폐를 위해 싸우는 운동가들도 그와 상의했다.

오랜 세월 베이어스는 정부의 간섭에서 자유롭지 못했다. 그가 세운 연구소는 불법으로 낙인찍혔으며 그는 7년 동안 가택연금과 유사한 '금지 명령'에 처해졌다. 어떤 출판물도 베이어스의 말을 인용하면 불법이 되었고 한 방에 한 명 이상과 함께 있을 수 없었기 때문에 가족모임이나 예배에 참석하지 못했다. 이런 힘난한 시간이 30년 넘게 이어졌다. 넬슨 만델라가 민주선거로 선출된 최초의 남아프리카공화국 대통령이 되고 나서야 베이어스는 혐의를 벗었다. 그는 자신이 처음 양심선언을 했던 아스보엘코프에서 마지막 5년 동안 신앙생활을 했다. 그는 자기 민족이 자행하던 불의에 맞서 고독하게 정의를 부르짖었다. 거짓 완벽함 대신 거룩한 온전함을 택했다.

앞서 소개했듯이 남아프리카의 '우분투' 정신은 거룩한 온전함이라는 의미를 담고 있다. 우분투는 인간의 삶이 상호 연결되어 있다는 의미도 포함한다. 우리의 삶은 다른 사람의 삶과 연결되어 있으며 다른 사람도 함께 잘 살 수 있어야 한다. 우리의 번영이 타인의 삶을 훼방하는 것이 아니라 오히려 개선해야 한다. 1980년대 미국 대학생들은 인종차별정책이 만연한 남아프리카공화국에 대한 미국의 투자를 반대하는 의미에서 수업 거부 시위를 했다. 이것 역시 우분투 정신이다. 시위를 벌인다고 해서 학생들에게 직접적으로 돌아가는 이익은 없다. 그러나 학생들의 용기 있는 행동은 남아프리카공화국 흑인들에게 큰 격려가 되었고, 당시 로널드 레이건 미국 대통령에게 심사숙고할 여지를 주었으며, 나날이 입지가 줄어들던 당시 남아공 정부에 엄중한 경고를 던졌다.

온전하라는 하느님의 초청은 우리 자신에게만 해당되는 것이 아니라 우분투 정신 즉 '보살핌과 어울림'도 포함한다.

우리는 천연자원의 사용이 지구 환경에 미치는 영향을 잘 알고 있다. 미국에서 사용하는 연료가 피지 섬의 해수면에 영향을 준다는 사실도 알려져 있다. 인도의 탄소 배출이 아이슬란드인의 천식에 영향을 준다. 세계 곳곳에서 사용하는 에어컨 냉매제와 스프레이 분사제는 오존층에 구멍을 내며 그 영향을 우리 모두가 받는다. 우리는 세상을 완벽하게 만들겠다는 일념으로 지구 환경을 오용해왔다. '나', '내 것', '나부터'라는 좁은 범위의 생각 속에서 최대의 이익을 얻기 위해 우리가 원하는 대로 행동하고 있다.

'더 많이, 더 크게, 더 빨리'를 추구하는 인간의 완벽성은 하느님의 사전에 있는 완벽함이 아니다. 이슬람의 카펫 짜는 사람이 오히려 거룩한 완벽함에 가깝다. 그들은 실수한 부분을 일부러 남겨두면서 오직 신만이 완벽하다고 말한다. 신만이 완벽한 제품을 만들 수 있다는 것이다. 그래서 아름다움을 추구하되 실수 하나 없는 완벽함을 추구하지 않는다.

거룩한 완벽함, 즉 하느님이 말씀하시는 온전함이란 아름다움으로의 초청이다. 하느님은 인생을 아름답게 가꾸는 예술가로,

아름다움을 추구하는 삶으로 우리를 초청하신다. 고통과 혼란이 일으키는 불협화음 속에서 삶의 예술가는 의미와 질서의 조화를 만들어낸다. 온전한 삶이란 우리가 무엇을 경험하느냐에 달려 있지 않고 우리가 **어떻게** 경험하느냐에 달려 있다.

온전한 삶, 거룩한 완벽함의 삶에도 죽음과 슬픔과 고통이 있다. 하지만 그것들이 우리를 파괴하지는 못한다. 온전한 삶은 죽음, 슬픔, 고통을 수용하며 기꺼이 껴안는다. 인생이라는 직물을 짜는 필수 요소이자 삶에 새로운 생명을 불어넣는 것으로 받아들인다.

온전한 삶에서도 실패를 경험할 수 있다. 자신의 수많은 결점도 알게 된다. 그러나 그로 인해 넘어지기는커녕 오히려 실패를 통해 배움을 얻는다. 실수와 결점이 관계의 문을 여는 열쇠가 된다. 혼자서 모든 일을 완벽하게 할 수 있다면 굳이 다른 사람이 필요 없을 것이다. 이것은 우분투 정신이 아니다. 실수와 결점은 자만의 환상을 깨고 공동체로 시선을 돌리게 한다. 결국 실수와 결점은 공동체를 연결하고 하느님과의 관계를 연결하는 다리가 된다.

온전함을 추구하는 삶에서도 깨어지고 상처를 입지만 그런 고통에는 의미가 따른다. 의미 없는 고통은 영혼을 파괴한다.

지금까지 나는 말로 표현하기 힘든 고통을 경험한 사람들을 많이 만났다. 가혹한 고문을 당한 사람들의 이야기도 들었으며 끔찍한 죽음을 목격한 사람들과도 함께했다. 그들 중에는 자신들이 겪은 고통에서 의미를 발견하지 못한 사람들도 많았다. 그들은 공포의 시간을 보낸 지 여러 해가 지났지만 여전히 과거의 기억에 사로잡혀 있었다. 반면에 나와 동역했던 톰 만타타처럼 억압적인 상황에서도 자유를 누렸던 사람들이 있다.

톰은 내가 남아프리카 교회협의회 총무로 재직하던 시절 함께 일하던 동료였다. 그는 거의 1년 동안 '예방구금' 상태에 있었다. 200일 넘게 재판 없이 구금된 것이다. 심지어 유치장에서 고문까지 받았다. 하지만 구금에서 풀려난 그는 교회협의회 동역자들에게 "쓴 뿌리를 갖지 말라"고 했다. 자신의 경험 덕분에 인종차별 없는 남아공의 미래에 더 가까워졌음을 기억하자고 했다. 톰은 자신의 '고통'이라는 실타래로 '의미'라는 직물을 엮은 것이다.

아름답다고 정의 내릴 수 있는 시기나 경험이란 게 있다면 톰이 구금되었던 시간은 아름답다는 말과는 거리가 멀다. 그러나 톰은 고통을 감내하고 진정한 아름다움을 만들어냈다.

우리가 아름답다고 말하는 집들이 있다. 인테리어 잡지나 정원 관련 잡지를 보면 쉽게 찾을 수 있다. 스터톤빌의 외가는 인테리어 잡지가 추구하는 아름다움의 정의에는 맞지 않겠지만, 집 안에 가득했던 사랑이라는 측면에서 보면 아름다운 곳이었다. 남성 패션잡지 사진작가의 눈에는 비쩍 마른 트레버 허들스톤 신부가 별로 눈에 띄지 않을 것이다. 그들의 기준에 맞는 빼어난 용모도 아니다. 그러나 허들스톤 신부는 지극히 추한 곳에 아름다운 사랑을 전했다.

영국인이며 성공회 사제인 허들스톤 신부는 성공회 부활공동체의 소피아타운·올란도 지부의 대표사제를 역임하고 이후 남아프리카 수도회 관구장이 된 분이다.

어느 날 나는 어머니가 일하는 건물 밖에서 어머니 옆에 서 있었다. 내 나이는 아홉 살 내지 열 살이었던 걸로 기억한다. 당시 어머니는 흑인 맹인 여성들을 위한 시설인 에젠젤레니에서 요리사로 일했다. 따사로운 겨울 햇빛 아래 서 있었는데 기다란 옷을 입은 백인 남자가 지나가면서 모자를 벗어 우리 어머니에게 인사를 건넸다. 나로서는 믿기 어려운 광경이었다. 인종차별이 한창이던 1940년대 남아공에서 백인이 모자를 벗어 흑인 여성에게 경의를 표하는 일은 상상도 할 수 없는 일이었다. 나중에야 그가 창조론에 대한 확고한 신념을 갖고 있는 허들스톤 신부임을 알게 되었다. 그는 모든 사람이 하느님의 모습대로 동일하게 창조되었다고 믿었으며, 그 믿음대로 사는 분이었다. 그래서 양심에 있는 거룩한 온전함이 행동으로 표출된 것이었다. 하느님의 자녀에게 모자를 벗어 인사하는 행동이 그에게는 지극히 당연한 일이었다.

트레버 신부는 마치 피리 부는 사나이 같았다. 소피아타운 거리를 걸어가면 그의 흰옷은 금세 더러워졌다. 아이들이 모여들어 "신부님, 신부님!" 하며 손을 잡고 옷에 매달리며 그의 말 한마디, 손길과 미소를 기대했다. 마치 머서가(街) 74번지에 있는 그의 사무실을 중심으로 세상이 돌아가는 것 같았다. 아이들은 그의 사무실 바닥에서 구슬치기를 하기도 했다. 트레버 신부는 아이들과 어울리다가도 드비어스(DeBeers)사의 해리 오펜하이머 회장 같은 재계 인사와 면담을 가졌다. 내가 레소토 주교로 재임하던 시절 영국 스테프니 주교로 있던 트레버 신부의 런던 사무실을 방문했을 때도 아이들을 사무실에서 내보낸 뒤에야 조용히 대화를 나눌 수 있었다.

트레버 신부는 음악을 사랑했고 자신에게 오는 아이들을 사랑으로 대했다. 우리에게 클래식 음악을 소개해주기도 했다. 한번은 유명 바이올린 연주자인 예후디 메뉴인을 소피아타운의 그리스도왕(Christ the King) 교회로 초청했다. 수년 후 샌프란시스코에서 메뉴인 경을 만날 기회가 있었는데, 어릴 때 남아공의 작은 마을에서 처음 그의 연주를 들었노라고 말했더니 매우 반가워했다. 트레버 신부는 많은 사람들의 삶에 영향을 끼쳤다. 유명한 재즈 트럼펫 연주자 휴 마세켈라는 트레버 신부 덕분에 루이 암스트롱으로부터 트럼펫을 받았다. 마세켈라의 첫 트럼펫이었다.

트레버 신부를 처음 만난 뒤로 몇 년이 흘렀다. 그는 내가 특히 싫어하는 곳에서도 은혜를 베풀었다. 바로 병원이다. 내게는 끔찍한 기억이 남아 있는 곳이다. 생각만 해도 진저리가 난다. 병원에서 보낸 20개월은 도저히 끝이 보이지 않을 것 같은 시간이었다. 병원은 싫었지만 그래도 간호사들은 좋았다. 열일곱 살이던 1947년, 나는 결핵에 걸려서 병원에 입원했다. 처음에는 소웨토 외곽에 있는 코로네이션 병원에서 한 달 있다가 리트폰타인에 있는 결핵병원으로 이송되었다. 병원에 입원한 20개월 동안 트레버 신부는 거의 매주 나를 찾아왔다. 명망 있는 백인이 나 같은 흑인 아이를 문병 온다는 사실은 결코 예삿일이 아니었다. 트레버 신부는 삶을 아름답게 만들 뿐 아니라 사람들이 삶을 아름답게 가꾸도록 도와주면서 참으로 온전한 삶을 살았다. 언제나 행동과 신앙이 일치하는 분이었다.

톰, 트레버 신부, 스터톤빌의 우리 가족들을 보면 한 가지 공통점을 발견할 수 있다. 그것은 거룩함이란 홀로 추구하는 일이 아니라는 사실이다. 고대나 근대 역사에서 홀로 사는 삶을 선택한 사람들조차도 완전히 혼자는 아니었다. 사막의 교부들과 교모들은 고독한 생활을 견디기 위해 하느님의 임재에 대한 확고한 인식과 영적인 힘에 의존하였다. 그들은 광야에서 생활하는 동안 인간이 정착하지 못한 곳에서 살아가는 식물과 새들, 동물들과 더욱 깊이 교감하였다.

성서는 하느님이 신앙의 여정에 함께하신다고 말씀으로 확증한다. 〈마태오의 복음서〉에서 예수님은 "내 멍에를 메고 나에게 배워라"라고 하셨다. 바쁘게 살아가는 현대인들에게 반드시 필요한 말씀이다. "내 멍에는 편하고 내 짐은 가볍다." 하느님은 우리를 행동 방식이 아닌 존재 방식으로 초대하신다. 현재의 삶에서 집처럼 편안하게 살라고 하신다.

집처럼 편하게 살라니 무슨 의미일까? 집은 수고와 가식이 필요 없는 곳이다. 자신을 드러내기 위해 온갖 전략을 세우지 않아도 된다. 편안하게 사는 삶이란 가족끼리 사는 삶에 가깝다. 생각과 행동이 한결같은 삶이다.

런던 킹스칼리지에 다니던 시절 나는 골더스그린에 위치한 세인트올번스 교회에서 파트타임 보좌사제로 있었다. 당시 우리 가족은 교회 근처의 조그만 사택에서 지냈다. 교회를 관리하는 한 가족이 아래층에 살았는데, 우리 네 아이들이 어찌나 극성맞았던지 현관에서 우리를 봐도 인사도 없이 지나칠 정도였다. 우리 집은 돈도 별로 없었다. 한 달이 채 끝나기도 전에 수중에 돈이 한 푼도 안 남을 때도 있었다.

영국에서 나는 평생 남는 친구들을 많이 사귀었는데 그중 일부는 지주 귀족들이었다. 버킹엄 궁전에 정기적으로 초청되는 인사들도 있었다. 집이 어마어마하게 넓고 언제나 최고급 음식만 먹는 사람들이었다. 한번은 그 친구들을 집으로 초대했다. 레아는 콩과 옥수수로 만든 남아공 스타일의 죽 음코쇼와 저렴한 와인 한 병을 준비했다. 우리 형편으로 준비할 수 있는 최선의 상차림이었다. 공간이 비좁아서 다 같이 붙어 앉아야 했지만, 하느님이 주시는 만나보다 맛있다는 듯 모두가 즐겁게 식사했다. 우리 집은 완벽한 척을 할 수 없었다. 고급 와인에 길들여진 친구들이라 우리가 마련한 와인의 수준쯤은 금방 알 수 있었다. 아파트도 여기저기 손볼 데가 많았다. 하지만 음식이나 장소와 상관없이 모두가 유쾌하게 식사를 즐겼다.

그 이후 지금까지 우리 부부는 여러 성직자들, 왕자들, 극빈자들, 재벌들, 유명 배우들을 사택으로 초청하여 식사를 대접해왔다. 집에서만이 아니라 어디에서든 사람을 편하게 해주는 재주가 있는 아내 레아는 특유의 따뜻함으로 모든 손님을 맞이했으며, 소박한 식탁도 최고급 연회처럼 느끼게 해주었다.

지금까지 어떻게 해야 삶을 아름답게 가꾸는 인생 예술가가 될 수 있을지에 대해 살펴봤다. 인간의 삶에 불가피한 실수와 실패가 들어갈 공간을 남기면 삶을 아름답게 가꿀 수 있다. 아름다운 삶은 선택의 문제다. 우리는 주어진 선물과 도전들을 어떻게 사용할지 결정할 자유가 있다. 다음 장에서는 바로 이 자유에 대해서 알아보겠다. 먼저 운명적 선택에 대해서 말할 생각이다.

잠시 침묵하면서 우리 마음에 말씀하시는 하느님의 음성에 귀를 기울여보자.

내 멍에를 메고 나에게 배우렴.

내 멍에는 편하고 내 짐은 가볍단다.

나에게 속도를 맞추고 나를 닮아라.

선택권은 네게 있단다. 나와 닮는 일도 네가 선택해야 해.

어디에 있든 너는 아름다움을 만들 수 있지.

매 순간 기쁨을 느끼고

매 순간 친절을 베풀 수 있지.

언제나 너를 통해 나를 드러낼 수 있단다.

내가 창조한 모습 그대로를 보이렴.

보이는 너는 보이지 않는 나를 닮았단다.

너는 내가 보는 대로 보지.

나와 똑같이 마음이 아플 거야.

세상에 가득한 모든 슬픔들

고통과 굶주림.

나와 함께 울지 않겠니?

기쁨도 나와 함께하자꾸나.

하늘을 나는 새가 떨어지고

들판의 풀이 빛을 잃는 것을 보겠지.

아이가 울고, 아버지가 절망 속에 한숨짓는 소리도 들리겠지.

끔찍한 비명과 굶주린 탄식의 소리가 너를 뒤흔들고
네 마음을 계속 아프게 할 거야.
돌 같은 마음이 아닌 부드러운 마음을 가진다면
너는 진정 살아 있을 거야.

사랑하는 아이야, 나는 천국이 아니라

네 마음에 숨어 있단다.

내가 가르쳐준 대로 참된 삶을 살렴.

선한 삶이 너를 자유롭게 할 거야.

4장
선택의 자유

"진리의 하느님, 주의 약속을 이루소서." 고통과 저항 속에 찬양이 울려 퍼졌다. 내 옆의 남자가 6절로 된 찬송을 큰 소리로 불렀다. "진리의 하느님, 당신의 목적을 이루소서." 이 찬송을 그가 외우고 있다니 다소 의외였다. 남아프리카 흑인 자치국이었던 시스케이의 수도 비쇼에서 장례식이 열렸다. 새로운 남아프리카로 가는 길에 또 하나의 끔찍한 사건이 벌어졌다. 내 옆에서 큰 소리로 찬양하던 사람은 크리스 하니였다. 아프리카민족회의(ANC)의 지도자이자 ANC의 무장조직 '움콘토 웨 시즈웨(민족의 창, MK)'를 이끌던 그는 당시 남아공 공산당의 사무총장도 역임하고 있었다. 나는 곁눈질로 보다가 그에게 아는 체를 했다. "공산주의자는 신을 안 믿지 않나요? 신문에서는 당신을 적그리스도라고 부르던데 명성과 다르시군요."

그가 특유의 미소를 지으며 대답했다. "아, 제가 복사(服事, 미사 때 사제를 돕는 사람-옮긴이)였거든요. 원래 로마가톨릭 신부가 되고 싶었습니다."

1992년 당시 남아프리카 흑인들을 대상으로 투표를 한다면 넬슨 만델라에 이어 2위로 선정될 만큼 크리스 하니는 대중적인 인기를 얻고 있었다. 그의 삶은 호전적인 흑인 청년들에게 동경의 대상이었다. 그는 공공의 적인 남아공 보안경찰의 수배를 받고 체포되었다가 탈출하여 도주했다. 그리고 민족의 창에 가입하여 계급이 급상승했다. 짐바브웨의 인민혁명군(ZIPRA)과 연합하여, 인종차별정책을 고수하려던 로디지아와 남아공 출신 군인들에 맞서 싸웠다. MK 사령관이던 그는 암살 위험도 수없이 넘겼다. 하니에게 던지려던 폭탄이 상대 군인의 손에서 폭발한 경우도 있었다. 여러 사건들을 통해 크리스 하니는 그의 동지들 사이에서 영웅이 되어 있었다.

변화를 고대하는 그의 동지들, 남아프리카의 도시에 거주하는 흑인 청년들에게 하니는 행동하는 사람이었다. 그들은 하니의 지도력을 신뢰했으며 그의 명령에 따라 참고 때를 기다렸다. 청년들은 만델라도 존경했지만 하니에게는 다른 차원의 충성심을 갖고 있었다. 하니 덕분에 청년들은 행동을 자제했고, 그러면서도 자신들에게 힘이 있다고 느꼈다.

템부족 추장의 아들인 만델라와 달리 크리스 하니는 평범한 가정에서 태어난 서민이었다. 어머니는 글을 모르는 소작인이었고 아버지는 건설 노동자였다. 트란스케이 지역에서 성장하는 동안 그는 24킬로미터나 되는 거리를 걸어서 학교에 다녔고, 일요일이면 로마가톨릭 교회에 갔다. 남아공 농촌 지역에서 활동한 그가 남아공 공산당의 지지를 얻은 것도 그의 성장 과정이 서민들의 삶과 매우 흡사했기 때문이다.

군사행동을 중단하고 협상으로 아파르트헤이트를 끝내자는 입장을 고수한 그는 많은 남아공 백인들에게도 존경을 받았다. 인간적 매력과 확고한 정치적 신념, 따뜻한 성품 덕분에 그는 협상에 참여했던 다양한 집단의 사람들로부터 존경을 받았다. 그들은 협상을 통해 아파르트헤이트를 종식시키고 남아공에 인종차별 없는 민주주의를 뿌리 내리기 위해 노력했다. 그러나 협상 과정은 순탄치 않았다.

1990년 넬슨 만델라가 출소하고 독립단체에 대한 규제가 해제된 기쁨은 계속되는 폭력과 지지부진한 협상 때문에 금세 사그라들었다. 민주남아공회의(CODESA) 1차 회담은 1991년 12월에 끝났다. 1차 회담이 끝나고 2차 회담 전까지 남아공의 상황은 급격히 악화됐다. 흑인 지역에서의 폭력이 급증했는데, 아프리카민족회의는 사회 동요를 일으킨 세력으로 남아공 보안경찰을 의심했다. 2차 회담은 1992년 5월에 개최되었다.

협상을 둘러싸고 불안한 분위기가 조성되었다. 남아프리카 백인들은 아파르트헤이트 철폐 이후 들어선 정부가 자신들의 안전을 보장해주지 않으리라 여겼다. 그래서 상당수가 유럽이나 미주, 호주, 뉴질랜드로의 이주를 준비하고 있었다. 백인 정부가 세운 자치구의 지도자들은 새로운 상황에 대처할 방법을 고민했다. 그들은 인종차별 정권에 협조하는 부류였으며, 그들이 주장하는 독립은 백인 정부나 지도자들 자신에게만 도움이 될 뿐이었다. 독립이라는 미명 아래 주민들은 남아공의 시민권을 박탈당한 채 독립 자치구 시민으로 전락한 상태였다. 자치구 주민들은 남아공 국민으로서의 권리를 주장할 수 없었다.

요하네스버그의 흑인 거주지에서는 자치구에서 온 호스텔 거주자들과 영구 거주자들 사이에 갈등이 생겼다. 자치구 지도자들이 회의 참가를 거부하면서 갈등은 더욱 고조되었다. 도시로 출퇴근하는 택시와 기차 승객들을 호스텔 거주자들이 공격하면서 불안감이 더해졌다.

1992년 6월에는 크와마달라 호스텔에서 지내던 줄루 출신의 이주노동자들이 보이파통 지역의 흑인들을 공격해서 46명이 사망했다. 보이파통 학살 사건에 대해 만델라는 F. W. 데 클레르크 정부의 연루 가능성을 시사했다. 이 사건으로 ANC는 정부와의 협상을 중단하고 대중동원 투쟁에 나섰다. 사람들은 거리로 나와 시위를 벌였다. 1992년 9월에는 시스케이 자치국의 수도 비쇼로 돌진한 ANC 시위대를 향해 시스케이군이 무차별 사격을 가하여 28명이 숨졌다. 크리스와 내가 참석했던 장례식은 바로 이들을 추모하는 자리였다. 유혈사태가 발생하자 정치적 해결의 시급성을 절감한 지도자들은 협상을 재개했다. 같은 해 9월 말 ANC와 정부는 양해록에 합의하여 차기 회담의 기초를 마련했다.

1993년 4월, 협상을 통한 아파르트헤이트 종식이라는 희망의 빛이 조금씩 보이기 시작했다. 4월 1일, 정부와 ANC 대표들로 구성된 협의회가 개최되었다. 자치구 대표, 백인 보수파, 전통 지도자들, 범아프리카회의 대표, 그 외 그동안 회담 참여를 거부하거나 배제되었던 단체들이 모두 참여했다. 그러나 2주 뒤에 벌어진 사건으로 평화를 향한 희망은 완전히 사라질 위기에 처했다.

1993년 4월 10일 부활절 전날 요하네스버그로 최근 편입된 돈 파크는 평화로운 토요일 아침을 맞이하고 있었다. 이곳은 남아프리카의 새로운 모습을 잘 보여주고 있었다. 아파르트헤이트의 유지를 주장하는 과격 인종주의자들과 정부의 인종차별정책을 종식시키기 위해 투옥과 고문과 망명을 감내한 사람들이 함께 거주하고 있었다. 다양한 언어의 축복을 가진 남아프리카의 특성상 돈파크 주민들의 언어 역시 아프리칸스어, 호사어, 영어, 세츠와나어 등 다양했다. 인종차별정책 때문에 거주 지역이 법으로 제한되고 백인에게만 토지 소유 및 이전이 가능했던 3년 전에는 상상할 수 없는 일이었다. 크리스 하니가 아내 림포와 함께 사는 지역이 돈파크였다.

4월 10일 토요일, 아내 림포는 레소토에 사는 가족을 방문하러 갔고 하니는 경호원들을 돌려보내고 혼자 남은 상태였다. 자신의 안전에 대해 신경을 쓰지 않는 건 아니었다. 그는 이웃에 사는 남아공의 유명 흑인 칼럼니스트 존 퀄레인에게 이렇게 말한 적이 있다. "이곳은 나의 조국이다. 만일 죽음이 찾아온다면, 때가 된 것이다. 내 조국에서 투옥되지는 않겠다." 하니는 빵과 조간신문을 사기 위해 근처 쇼핑센터로 차를 몰고 다녀오는 길이었는데, 뒤에서 따라오는 차를 미처 보지 못했다. 하니가 집에 주차하자 뒤따라오던 야누쉬 발루스도 차를 세웠다. 구입한 물건을 들고 차에서 내리는 하니에게 발루스가 말을 걸었다. "하니 씨?"

곧바로 총성이 울렸다. 땅에 쓰러진 하니의 입과 코에서 피가 솟구쳤다. 암살범은 한 번 더 확인사살을 했다. 총알은 그의 왼쪽 귀 뒤쪽을 관통했다. 열세 살 된 하니의 딸 노마크웨지가 총성을 듣자마자 밖으로 달려 나왔으나 하니의 피는 이미 아프리카의 땅을 흥건히 적신 후였다. 아이는 소리를 지르며 오열했다.

총성이 울릴 때 차를 빼고 있던 이웃의 백인 여성 레타 함즈는 암살자의 차량 번호를 재빨리 적은 뒤에 집으로 들어가서 경찰에 신고했다. 10분 뒤 경찰은 복스버그의 시청 근처를 지나는 해당 차량을 발견하고 차를 멈춰 세워서 운전자를 붙잡았다.

야누쉬 발루스는 폴란드 이민자로서 열성 반공주의자였다. 그는 남아공이 정치적 긴장으로 일촉즉발인 상황에서 크리스 하니가 죽으면 남아공이 걷잡을 수 없는 혼란에 빠질 거라 여겼다. 결과적으로 보면 전혀 틀린 생각은 아니었다. 인종차별 없는 진정한 민주선거로 가기까지 참혹한 사건들이 많았다. 인종차별정책 아래서 들끓던 분노와 폭력은 흑인 거주지의 유혈사태, 인종차별을 고수하려는 세력이 자행한 학살, 자치구에서 벌어진 살인과 학살, 암살 등으로 표출되었다. 남아공은 그야말로 풍전등화 상태였다. 이런 위기 상황에서 크리스 하니의 죽음은 도화선이나 마찬가지였다.

주요 언론을 통제하던 클레르크 정권은 이례적으로 넬슨 만델라에게 대국민 연설의 기회를 주었다. 만델라가 대통령으로 선출된 대통령 선거가 있기까지 1년도 넘게 남은 시점이었다. 아직 그 역사적인 선거일조차 결정되지 않은 때였다. 넬슨 만델라는 군사력도 없고 대통령직에 오를 만한 권력도 없었으나 결국 정권을 차지했다. 그리고 이때에 이미 그의 연설과 태도에서는 대통령다운 면모가 풍겼다.

"오늘 저는 진심을 다하여 흑인, 백인 할 것 없이 남아프리카인 한 사람 한 사람에게 호소합니다. 편견과 증오로 가득한 한 백인이 우리나라에 와서 저지른 행위 때문에 나라 전체가 위기에 봉착했습니다. 모두가 알다시피 아프리카너 백인 여성은 목숨을 걸고 용감하게 암살자를 정의의 손에 넘겼습니다. 크리스 하니에게 방아쇠를 당긴 냉혈한은 온 국민과 세계에 충격을 주었습니다. …… 모든 남아프리카인이 힘을 합쳐 크리스 하니가 목숨 걸고 수호했던 우리의 자유를 파괴하려는 이들에게 당당히 맞서야 합니다."

남아공은 혼란에 빠졌다. 하니가 사망한 뒤 각종 집회와 시위, 추모식이 잇따랐다. 분노와 슬픔이 뒤섞인 감정이 대중들 사이에 퍼졌으나, 신문 헤드라인과 각종 텔레비전 뉴스에 연일 등장한 넬슨 만델라의 영향으로 대중의 감정은 조금씩 사그라들었다. 불가피해 보였던 유혈폭동은 남아프리카를 바꾸자는 흐름에 뒤섞였다. 크리스 하니의 죽음은 온 국가를 화염 속에 집어넣는 대신 변화의 촉매제가 되었다.

아직 데 클레르크 대통령이 정권을 유지한 상황에서 끊임없이 방송에 얼굴을 비춘 실질적인 지도자는 넬슨 만델라였다. 하니의 죽음으로 아파르트헤이트 종식을 위한 협상에 박차를 가해야 한다는 시급성이 확산되었다.

만델라는 다른 선택을 할 수도 있었다. 인종차별을 끝내기 위한 협상이 실망스럽고 흑인 주민들의 사망자 수가 증가하는 상황에서 전쟁을 선포하는 것도 한 방법이었다. 크리스 하니는 그의 동료이자 조언자이며 친구였다. 그런 하니의 죽음을 그냥 지나칠 수는 없었다. 분노와 복수로 반격할 수도 있었다. 그렇지만 만델라는 용기 있게 평화를 택했다. 일촉즉발의 순간에서 유혈 충돌의 불길을 잠재웠다. 복수라는 일시적 만족보다는 영구적인 국가적 유익을 택한 것이다.

*

우리의 모든 선택이 역사적으로 큰 의미가 있는 것은 아니다. 그러나 우리의 결정에는 언제나 결과가 따른다. 누구에게나 선택의 자유가 있다. 하느님은 우리에게 선택의 자유를 주셨다. 그것은 진정한 자유로서, 옳은 일을 선택할 자유도 있지만 잘못 선택할 가능성 또한 있다. 그렇지 않다면 자유는 의미가 없을 것이다. 악한 일을 선택할 가능성이 없다면, 하느님이 주신 선택의 자유와 "검은색이기만 하다면 어떤 색이든 선택할 수 있다"고 광고했던 포드사의 광고가 무엇이 다르겠는가. 선택이라고 하기가 무색할 것이다.

성서 시대에도 인간에게 선택의 기회가 있었다. 성서의 저자들은 하느님이 우리에게 주신 선물 중 하나가 선택이라고 조심스럽게 말한다. 우리는 하늘에서 조종하는 대로 움직이는 꼭두각시가 아니라 자신의 행동을 선택할 수 있는 존재다. 우리의 선택은 창조의 세계에 영향을 끼친다. 〈창세기〉 저자는 선택이 무엇인지, 에덴동산에 살던 아담과 하와의 삶에서 선택이 가져온 결과가 어떠했는지를 설명한다. 하느님은 인간이 거주할 장소로 에덴동산을 만드셨다. 그리고 에덴동산에 살면서 무엇이든 할 수 있는 자유를 주셨으나 단 한 가지는 예외로 하셨다. 하느님이 금지하신 그 일만 범하지 않는 한 아담과 하와는 별 문제 없이 천국 같은 동산에서 살 수 있었다. 그러나 정말로 의미 있는 자유라면 하느님의 명령을 무시할 수 있는 자유도 함께 있어야 한다. 그래서 평화로운 동산에 의심을 상징하는 뱀이 등장했다.

"동산 중앙에 있는 나무의 열매는 먹지도 말고 만지지도 말라. 그러지 않으면 너희가 죽을 것이다."

하와가 하느님의 명령을 전하자 뱀이 말했다.

"절대로 죽지 않는다. 그 나무 열매를 따 먹기만 하면 너희의 눈이 밝아져서 하느님처럼 선과 악을 알게 될 줄을 하느님이 아시고 그렇게 말하신 것이다."

뱀의 말에 현혹된 하와가 열매를 다시 보니 먹음직스럽고 보기에도 아름다우며, 먹으면 지혜로워질 것만 같았다. 하와는 열매를 따서 먹고 남편에게 주었다. 남편도 열매를 먹었다.

그들의 불순종 때문에 아담과 하와와 뱀은 에덴에서 쫓겨났다.

선택의 능력을 자각한 인간은 결국 에덴동산에서 더 이상 살지 못하게 되었다. 우리는 자유로 인한 갈등과 축복은 물론이고, 우리가 내린 선택의 은혜와 결과 속에서 살아간다. 하느님은 언제나 바른 일만 하도록 프로그램된 로봇처럼 우리를 만드실 수도 있었으나, 자율권이 있는 인간을 만드는 모험을 감행하셨다. 물론 하느님의 자율권에 비할 바는 아니지만 우리에게 자율권이 있는 것은 사실이다.

잘못 선택할 자유가 있다는 점은 성서적인 동시에 현실적이다. 다이어트 중인 사람은 초콜릿 케이크의 유혹에 굴복하고, 씀씀이가 헤픈 사람은 바겐세일을 그냥 지나치지 못하며, 무책임한 사람은 정지 표시를 무시하고 빨간불에 그냥 지나간다. 아이들 역시 부모님 말을 따를 것인지 친구들을 따라 재미있는 구경거리에 한눈팔 것인지를 매일 선택한다.

우리는 재난과 참사 앞에서 "왜?"라고 질문한다. "왜 하느님은 이 일을 허락하셨을까?" 테러리스트들이 일으킨 폭탄 테러와 음주운전자의 부주의가 남긴 잔해가 곳곳에 보인다. 전쟁으로 굶주려서 뼈만 앙상하게 남은 아이들, 고문으로 인해 형체를 알아볼 수 없는 얼굴들을 보면서 우리는 고통스럽게 "도대체 왜?"라고 외친다. 하느님은 어찌하여 이런 일이 일어나게 두셨을까? 하느님은 우리의 자유를 존중하셔서 관여하지 않으시는 것이다.

하느님은 우리의 자유를 깊이 존중하신다. 그래서 우리가 선택한 길을 불검을 든 천사들로 가로막지 않는다. 우리를 강제로 천국에 들어가게 하시기보다는 차라리 우리가 자유롭게 지옥으로 걸어가도록 놔두신다. 하느님이 좋은 길로 인도하는 메신저를 보내셔도 우리는 악한 계획을 달성하기 위해 끝까지 의지를 굽히지 않을 수도 있다. 그러나 우리가 악에게 우리 뜻을 굽힌 순간에도 하느님은 우리를 사랑하시며 우리가 돌아서기를 바라며 가까이 계신다. 하느님은 우리의 자율권을 침해하지 않고 우리 스스로 마음을 돌리기를 바라신다.

인간의 자율권을 존중하시는 하느님의 깊은 마음을 헤아리기는 어렵다. 단 몇 마디 말로 전달할 수 있는 개념도 아니다. 예수님은 '탕자의 비유'에서 우리의 자유에 대한 하느님의 마음을 전하셨다. 나는 아이들을 키우면서 이 비유 가운데 특히 마지막 부분이 와 닿았다. 육아의 시행착오와 위기를 거치는 동안 탕자의 아버지가 보여준 그 변함없는 사랑은 나에게 견딜 힘을 주었다. 또한 '탕자의 비유'에 나오는 아버지의 용서를 보며 죄책감과 함께 과제도 받았다. 부모로서 의견을 내세우고 싶어도 아이의 자율권을 존중했던 탕자의 아버지를 기억하며 흥분한 마음을 가라앉히곤 했다.

'탕자의 비유'에는 우리의 자유에 대해서 배울 수 있는 부분이 있다. 이 이야기에는 두 아들과 아버지가 등장하는데 작은아들을 지칭하여 '탕자의 비유'라는 이름이 붙여졌다.

작은아들이 아버지에게 말했다. "아버지께서 돌아가실 때까지 못 기다리겠어요. 제 몫으로 남겨줄 재산을 지금 주세요. 제가 원하는 대로 쓰고 싶어요." 아버지는 재산을 나누어서 아들에게 주었다.

작은아들은 자기 재산을 다 거두어가지고 먼 고장으로 떠났다. 거기서 재산을 마구 뿌리며 방탕한 생활을 하였다. 그러다가 돈이 떨어졌는데 마침 그 고장에 심한 흉년까지 들어서 그는 알거지 신세가 되고 말았다. 하는 수 없이 그는 돼지 치는 일자리를 얻었다. 돼지들과 먹고 자고 함께 생활하면서 온몸에는 돼지 냄새가 배었다. 배가 너무 고파 돼지 먹이까지도 탐이 날 정도였다. 하지만 아무도 그에게 음식을 가져다주지 않았다.

그제야 제정신이 든 그는 이렇게 중얼거렸다. "아버지 집에는 양식이 많아서 그 많은 일꾼들이 먹고도 남는데 나는 여기서 굶어 죽게 되었구나! 어서 아버지께 돌아가 '아버지, 제가 하늘과 아버지께 죄를 지었습니다. 이제 저는 감히 아버지의 아들이라고 할 자격이 없으니 저를 품꾼으로라도 써주십시오' 하고 사정해보리라." 그는 아버지 집으로 향했다.

집으로 돌아오는 아들을 멀리서 본 아버지는 측은한 생각이 들어 아들에게 달려가 목을 끌어안고 입을 맞추었다. 그러자 아들이 말했다. "아버지, 저는 하늘과 아버지께 죄를 지었습니다. 이제 저는 감히 아버지의 아들이라고 할 자격이 없습니다."

그렇지만 아버지는 하인들을 불러 "어서 제일 좋은 옷을 꺼내어 입히고 가락지를 끼우고 신을 신겨주어라. 그리고 살진 송아지를 끌어내다 잡아라. 먹고 즐기자! 죽었던 내 아들이 다시 살아왔다. 잃었던 아들을 다시 찾았다" 하고 말했다.

하느님이 우리에게 베푸는 용서, 사랑, 기다림의 은혜 등 자녀 양육에 필요한 지혜가 이 짧은 이야기 속에 담겨 있다.

힘을 가졌지만 힘없는 쪽을 선택하는 부모와 스스로 무능력을 선택하신 하느님의 모습은 닮아 있다. 가만히 앉아서 아들을 기다리던 탕자의 아버지처럼 하느님도 우리의 자유를 침해하지 않으신다. 탕자의 아버지는 아들이 돌아오기만을 바랄 뿐이었다. 그는 아들의 자유를 짓밟는 말이나 행동을 하지 않았다. 여기서 우리는 아버지의 갈망을 알 수 있다. 언제나 아들이 돌아오기만 바라면서 날마다 먼 길을 바라보는 아버지. 그러던 어느 날 마침내 저 멀리서 작은 형체가 눈에 들어온다. 한눈에 아들의 걸음걸이를 알아차린 그는 격식이나 체면을 생각할 겨를도 없이 달려 나간다. 아들을 맞이하기 위해서다. 연로한 남자가 허둥지둥 들판을 가로질러 가는 모습이 눈에 선하다.

자녀를 키우는 부모라면 '탕자의 비유'에 나오는 작은아들과 비슷한 상황을 경험해보았을 것이다. 부모로서 어린아이의 짜증이나 십대 아이의 무모한 행동 등은 어쩔 수 없이 경험하는 일들이다. 음포는 큰딸을 키우면서 어려운 문제에 부딪혔다. 사춘기를 지나는 딸아이의 삶에서 엄마의 생각과 아이가 원하는 선택이 다른 경우도 있었다. 자녀가 내린 결정이 가져올 결과에 대해 부모가 어떤 말을 해줘도 결국 선택하는 사람은 자녀다.

하느님이 우리에게 자신의 권능을 제한하시듯 부모도 자녀에게 자신의 능력을 제한한다. 하느님은 모든 능력을 가진 분이지만, 그 능력으로 단번에 휩쓸어버리지 않으신다. 오히려 가장 연약한 모습으로 자신의 능력을 나타내신다. 탕자가 자발적으로 돌아오기를 기다리는 아버지의 능력이 바로 하느님의 능력이다. 길 잃은 양을 찾아 길을 나서고 죽음을 무릅쓰고 사랑한다. 사랑을 위해 기꺼이 죽음을 택한다.

그러나 하느님이 우리의 자유를 존중하신다고 해서 우리가 마음대로 선택하게 내버려두시지는 않는다. 〈루가의 복음서〉에 나오는 목자와 마찬가지로 하느님은 우리의 선택을 존중하시되 우리를 찾아 나서시는 분이다. 예수님이 이런 질문을 했다.

"너희 가운데 누가 양 백 마리를 가지고 있었는데 그중에서 한 마리를 잃었다면 어떻게 하겠느냐? 아흔아홉 마리는 그대로 둔 채 잃은 양을 찾아 헤매지 않겠느냐?"

하느님은 말썽부리지 않는 아흔아홉 마리 양을 놔두고 길 잃은 양 한 마리를 찾기 위해 애쓰시는 분이다. 이 말이 믿어지는가? 착하고 말 잘 듣는 아흔아홉 마리를 놔두고 제멋대로인 양 한 마리를 찾아 나서신다니.

성서를 보면 사람들에게 하느님 곁으로 돌아오라고 외치는 선지자들이 종종 등장한다. 그들의 임무는 잃어버린 양을 찾는 목자와 비슷하다. 오늘날에도 비슷한 역할을 하는 개인이나 조직들이 있다. 환경보호나 지구온난화 문제에 대해 우리의 의식을 일깨우는 그들의 역할은 선지자들과 닮았다. 모두가 알고 있으나 무시하는 진실을 일깨우는 평화운동가들과 인권운동가들 역시 선지자들과 비슷하다. 그들의 역할은 앞으로 다가올 비극을 예고하는 것이 아니라 우리의 생각을 더 나은 삶의 방식으로 향하도록 돕는 것이다. 우리를 온전한 자리로 안내한다. 그렇지만 선택은 여전히 우리의 몫이다.

우리는 선지자가 외치는 말의 정당성을 알고 있다. 옳은 일을 하면서 얻는 기쁨도 안다. 뼛속까지 전해지는 기분 좋은 느낌을 통해 인간의 선함을 경험한다. 그러나 악은 여전히 우리를 유혹한다. 하와와 뱀이 살던 때부터 지금까지 우리는 계속 선과 악 사이에서 선택해야 하며 보통은 악이 더 매력적으로 보인다.

당장은 악이 더 만족을 준다. 하지만 거짓말을 해서 일순간 문제로부터 벗어났다가 그 거짓말로 인해 몇 시간 또는 며칠 뒤에 더 힘들어질 수도 있다. '혹시 들키지 않을까?' '먼저 했던 거짓말을 덮으려면 어떤 말로 둘러대야 하지?' 우리는 계속 초조하다. 걱정 때문에 상황이 실제보다 더욱 심각해 보인다. 우리가 선택한 결과는 당대에는 보이지 않지만 우리가 죽은 뒤에 나타나는 경우도 있다. 예를 들어 지구온난화와 환경 파괴는 장차 우리 후손들의 삶의 질을 바꿀 것이다.

선한 선택이든 악한 선택이든 모든 선택에는 우리의 생각과 행동이 습관적으로 드러난다. 어릴 적에 엉뚱한 행동으로 주의를 끌던 아이는 나중에 직장인이 되어서도 업무와 장난을 혼동할 수도 있다. 잠시 사람들에게 주목받을 수는 있겠지만 결국은 그들에게 외면당한다. 좋은 선택을 하면 결과가 달라진다. 헤어스타일을 멋지게 하고 다니는 학생을 칭찬하면 나중에 유명한 미용사가 될 수도 있다. 창의성을 계발하도록 격려하는 선택을 했기에 훌륭한 미용사라는 결과가 가능한 것이다.

악은 순간의 만족을 주지만 선은 평생의 결과를 낳는다. 선을 택할 때마다 우리는 인간의 선을 모으는 금고에 선을 추가한다. 그 선택이 자기 자신과 건강을 위한 것이든 가족, 이웃, 세계를 위한 것이든 우리는 선을 택해야 한다.

우리는 무엇이 옳은지 알고 있다. 운동을 하면 건강에 도움이 된다는 사실은 누구나 안다. 다만 우리는 운동을 할지 말지를 선택해야 한다. 가족들과 함께 보내는 시간은 질적인 면과 양적인 면 모두가 만족스러워야 한다. 그러나 그 필요를 어떻게 충족시킬지는 우리의 선택에 달렸다.

좋은 이웃이 되는 것 또한 우리에게 달려 있다. 현재와 미래의 삶의 질은 정치권에서 내리는 큼직한 결정뿐 아니라 우리가 매일 내리는 크고 작은 결정에 의해서도 좌우된다. 간디는 우리에게 "자신이 보기를 원하는 그 변화가 되라"고 말했다. 일반적으로 종교에서는 선한 선택을 권장한다. 우리가 바라는 세상은 우리가 내리는 선택에 의해 결정된다.

어떻게 해야 선한 선택을 하는 습관이 몸에 밸까? 계속 실천하다 보면 자연스럽게 몸에 밴다. 최악의 상황에서도 선한 쪽을 택한 사람들은 언제나 있었다.

진실화해위원회 의장으로 일하던 시기에 나는 인간이 인간에게 자행했던 끔찍한 사건들을 접했다. 그런데 고통과 고문의 이야기 속에는 언제나 놀라운 용기가 함께 있었다. 특히 나를 놀라게 했던 것은 사람들을 투옥하고 고문하고 죽이기까지 했던 가해자들의 경험담이다. 이들은 희생자들의 용기에 놀랐다. 많은 남아프리카의 순교자들이 이름 없이 의연하게 죽음을 맞이했다. 이들은 언젠가 자유가 찾아오리라는 믿음으로 고문을 견디고 세상을 떠났다. 그들에게는 자신의 삶과 죽음을 통해 자유에 기여했다는 믿음이 있었다. 그래서 아무도 알아주지 않아도 담대하게 죽음을 선택했다.

필라 포르티아 은드완드웨가 바로 그런 사람이다. 필라는 스와질란드 MK의 지휘관이자 아이에게 젖을 먹여야 하는 어머니였다. 1988년에 악명 높은 남아공 보안경찰의 나탈 항 지부가 필라를 납치했다. 필라가 실종되자, 그녀가 상대편에 투항하여 보안경찰에 정보를 제공하면서 경찰의 보호 아래 있을 것이라는 소문이 나돌았다. 진실화해위원회는 그녀의 실종사건을 둘러싼 진실을 파헤쳤다.

필라는 스와질란드 본부에 납치되어 남아공 국경까지 이송되었다. 납치범들은 열흘 동안 그녀를 벌거벗긴 채 크와줄루-나탈에 있는 엘란드스코프 농장의 밀폐된 방에 감금하고 심문과 폭행과 고문을 가했다. 그들은 필라가 속한 부대의 계획을 알아낼 속셈이었으나 필라는 끝까지 입을 열지 않았다. 그녀는 "차라리 죽음을 택하겠다"라고 외쳤다. 열흘째 되던 날 필라는 푸른 비닐봉지와 바닥에 있던 쓰레기 조각으로 옷을 만들어 입었다. 가해자들은 필라를 처형하기 전까지 다시 알몸이 되게 하지는 않았다고 증언했다.

가해자들은 땅을 파서 구덩이 바로 앞에 필라를 무릎 꿇게 하고는 머리 뒤에 총격을 가했다. 그녀는 곧바로 구덩이로 떨어졌다. 나중에 시체를 발굴했을 때 골반 부분의 푸른 비닐봉지로 신원을 확인할 수 있었다. "정말 용감한 여자였다"라고 가해자들은 말했다.

처참히 살해되고 십 년이 지나서야 진실이 밝혀졌다. 갓난아기에서 소년이 된 아들은 엄마를 남아공 투쟁의 영웅으로 자랑스러워할 수 있게 되었다. 필라는 자신과 가족 모두가 대가를 치러야 했음에도 불구하고 옳은 일을 택했다. 자신의 용기 있는 행동이 사람들에게 알려진다는 보장도 없었다. 오랫동안 가족들은 필라가 배신했다는 소문에 시달렸다. 필라는 확고한 진리를 붙들었다. 잘못된 선택으로 목숨을 부지한 채 영혼을 죽이고 싶지 않았다. 숨을 쉬고 심장이 뛴다고 해서 살아 있는 게 아니다. 의미와 목적이 삶에 생명을 불어넣는다. 자신의 관심사와 안락함을 뛰어넘는 의미 있는 삶을 발견한 사람은 참된 기쁨의 근원을 찾은 것이다.

 결과와 상관없이 선을 택하는 일은 자유를 위해 투쟁하는 사람들만의 몫이 아니다. 우리는 날마다 선택과 결과에 직면한다. 최근 나의 대자(代子)인 데스몬드가 깡패를 만났다고 한다. 패스트푸드점 밖에서 친구와 함께 서 있는데 사내아이들 여럿이 친구에게 다가오더니 다짜고짜 시비를 걸었다. 데스몬드가 친구를 도와주려고 나섰으나 결과는 최악이었다. 외투, 신발, 휴대전화, 아이팟까지 모두 빼앗겼다. 그 사실을 들은 엄마는 잠시 당황하여 무슨 말을 해야 할지 몰랐다. "그러다 죽으면 어쩌려고 그랬니!"라고 소리치고 싶었지만 아들이 친구를 그냥 맞게 내버려두었다면 더 소중한 걸 놓칠 수도 있었겠다는 생각이 들었다고 했다. 인생이란 호흡과 맥박으로만 이루어지는 게 아니다.

 사제로서 나와 음포가 해야 하는 역할 중 하나는 의미를 받아내는 산파의 역할을 하는 것이다. 사람들이 힘겨운 도전과 고통과 기쁨 속에서 목적을 발견하도록 도와주어야 한다. 우리는 그들의 삶을 구성하는 다양한 경험의 조각들을 맞추어 하나의 삶이 완성되도록 돕는다. 그리스도교의 신앙과 우분투의 기본 원칙은 "우리의 삶은 우리만을 위한 것이 아니다"이다. 더욱 깊은 의미에서 보자면 삶의 목적은 매 순간 최대한 즐겁게 사는 것만이 아니다. 내 관심, 내 욕망, 내 걱정이라는 좁디좁은 틀에서 벗어나 선하고 올바른 일을 선택할 때 진정한 자유의 문을 여는 열쇠를 가질 수 있다.

선한 일을 선택하는 것은 습관이다. 모든 습관이 그렇듯 습관은 학습되어 발전한다. 예전에 내가 아이들을 데리고 부모님 집에 가면 커다란 접시에 놓인 음식을 여럿이 나누어 먹어야 했다. 아이들은 옥수수죽과 매콤한 소시지가 담긴 접시를 들고 잘 정돈된 베란다로 나가서 음식을 먹었다. 큰아이들의 임무는 어린 아이들이 잘 먹을 수 있도록 챙기는 일이었다. 아이들은 크고 작은 일을 겪으면서 자신이 원하는 것만 고집하지 않고 타인을 배려하는 태도를 어릴 때부터 조금씩 배웠다.

나의 큰누나 탄디는 가족이 몇 명 안 되는데도 요리를 하면 마치 오천 명이 먹고 남을 만큼 손이 크다. 이런 누나를 보면 어머니가 떠올라서 웃음이 나오곤 한다. 어머니는 우리가 지독히 가난할 때도 혹시 찾아올지 모르는 손님들을 위해 늘 넉넉하게 음식을 만들었다. 이처럼 너그럽게 베푸는 일도 가르쳐서 되기보다는 자연스럽게 보고 배우는 것이다.

십대 시절 내가 요하네스버그 역에서 스웨터 한 벌을 가난한 아이에게 벗어주고 왔을 때 어머니는 나를 혼내지 않았다. 몹시 추운 날이었다. 코트가 없는 나는 스웨터를 두 벌 겹쳐 입고 있었다. 얼른 집에 가 부엌 난롯가에서 몸을 녹이리라 생각하면서 종종걸음으로 복잡한 역을 빠져나오는데, 한 사내아이가 칼바람을 맞으며 벌벌 떨고 있었다. 나는 그 아이를 한쪽 구석으로 데리고 가서 스웨터를 벗은 다음 아이에게 입혀주었다. 공기는 찼지만 밝게 웃는 아이의 얼굴을 보니 집으로 가는 길이 따뜻했다.

나는 사람들에게 베풀어야 한다는 것을 어머니를 통해 자연스럽게 배웠다. 나의 아내로부터도 많이 보고 배웠다. 내 소중한 친구이자 멘토인 트레버 허들스톤 신부는 인간에 대한 존중과 기쁨을 가르쳐주었다. 이처럼 내가 사랑하고 존경하는 사람들은 잠깐 편하고 쉽게 해결하는 방법 대신 선하고 올바른 일을 선택하는 습관을 나에게 가르쳐주었다. 성베드로 신학교에 다닐 때 부활공동체의 수도사들로부터 강의를 듣기도 했는데, 그들의 학문적 가르침도 훌륭했지만 무엇보다 기억에 남는 것은 그들이 몸소 보여준 하느님과의 관계와 그로 인한 자유였다.

신학교에는 '레크리에이션'이라 불리는 육체노동 시간이 있었다. 내가 맡은 일은 예배당 청소였다. 당시 수사들은 하루에 예닐곱 시간씩 공동기도를 했다. 이른 아침이든 늦은 밤이든 예배당에 가면 언제나 수사복을 입고 기도하는 수사들을 볼 수 있었다. 그분들을 보면서 나에게도 자연스럽게 기도하는 습관이 생겼다. 기도는 캄캄한 어둠의 시기를 지나가는 동안 나를 지탱해 주는 지팡이가 되었다. 기도하면서 도전을 받고 책망도 듣고 위안도 얻었다.

기도의 시간을 통해 하느님과의 관계가 형성되면 올바른 선택을 내리는 습관이 더 깊이 뿌리내린다. 사랑으로 맺어진 관계 안에서 옳은 일을 선택할 때는 두 가지 접근 방식이 가능하다. 첫 번째는 사랑하는 사람이 성낼까 하는 마음에 옳은 결정을 내리는 것이고, 두 번째는 사랑하는 사람을 기쁘게 하려고 옳은 결정을 내리는 것이다. 정말 자유롭다면 상대를 실망시킬까 봐 두려워서가 아니라 기쁘게 하고 싶어서 행동한다. 그러한 마음은 몸에 배어 의식하지 않아도 행동으로 표출된다. 사랑으로 선하고 옳은 선택을 하는 사람은 아무리 손쉽고 편하더라도 잘못된 일은 회피한다.

선한 일을 선택하는 습관은 반복을 통해 터득할 수 있다. 아이들이나 주위 사람들에게 충분히 가르칠 수 있는 일이다. 나와 아내는 아이들이 어릴 적부터 정직함을 우선시했다. 그래서 아이가 귀한 화병을 깨뜨린 경우에도 우리에게 와서 솔직히 털어놓으면 아이를 혼내지 않았다. 속이 상하긴 하지만 정직하게 말해 주어 고맙다고 말했다.

어른이 되어서도 올바른 선택의 습관을 기를 수 있다. 노력하면 된다. 복음서에 보면 "깨어 있으라"는 말이 종종 등장한다. 그런데 현대인들은 반쯤 잠든 상태로 살아가는 듯하다. 우리는 진지한 고민 없이 선택하는 경우가 많다. 적극적으로 잘못된 행동을 선택하는 것도 아닌데, 옳은 일을 적극적으로 선택하지 않은 탓에 안 좋은 길로 빠지곤 한다. 선한 일을 하려면 계속 정신을 차리고 의식적으로 선택해야 한다. 자각의 습관이 필요한 것이다.

자각은 선한 행실을 유도한다. 우리가 가진 선물과 우리가 가진 부족함을 아는 사람은 선한 선택을 방해하는 것이 무엇인지 알고 있다. 그렇기 때문에 선한 일을 택하기 위해 더 정신을 차린다. 선하고 올바른 일을 선택하는 일은 혼자 감내해야 하는 고독한 경험이 아니다. 하느님이 우리의 선택을 도와주시며 친구들과 주위 사람들도 우리를 도와준다.

앞에서 말했듯이 올바른 선택은 학습을 통해 체득할 수 있다. 다음 장에서 살펴보겠지만 잘못된 선택이 습관이 되면 계속 그릇된 방향으로 나아가게 된다. 이에 대한 내 어린 시절의 강렬한 경험 두 가지를 말할 생각이다.

잠시 침묵하면서 우리 마음에 말씀하시는 하느님의 음성에 귀를 기울여보자.

천국 문을 세차게 두드리는 소리가 들린다.
지옥의 거센 불길이 네 발길을 붙잡고 있다.
칠흑 같은 어둠 속에 들리는 공포의 절규.
네가 선택했어야 할 정의는 사라지고
주위는 온통 불의뿐이다.

사랑하는 아이야. 나는 천국이 아니라
네 마음에 숨어 있단다.

네 욕망의 절규를 억누르기 위해 으르렁거리거나
네 술책의 소란에 사라지지 않으련다.
내가 마귀보다 크게 소리쳐야만 내 말을 듣겠니?
내가 크게 외쳐야만 내 음성을 알아차리겠니?
내 속삭임에 귀를 기울여보렴.
선택은 너의 자유란다.
거센 바람을 뚫고 달려 나가는 것도
평안을 찾으러 떠나는 것도 네 자유란다.

거짓말에는 눈길도 주지 말아라.
거짓말은 감옥이란다.

너를 끝없이 고문하는 너 자신의 목소리.

분노와 소외의 장벽을 더욱 높이 쌓는 너의 폭력.

잔인함은 아름다움을 찌르는 가시이며

친절한 행동, 진실된 말 한마디는

그 감옥에서 너를 풀어주는 열쇠란다.

나는 천국에 숨어 있지 않고

눈을 감아버리거나 귀를 막고 있지도 않단다.

아이 엄마의 뜨거운 눈물을 보았고 그녀를 품에 안고 있단다.

방황하는 그녀의 아들은 곧 내 아들이란다.

그 아이가 잘못된 선택을 내리는 것도 보았지.

선하고 바른 길을 가르쳐주었으나 소용이 없었지.

어찌할 바를 모르는 아버지가 보인다.

십대인 딸아이의 부루퉁한 표정이 그를 힘들게 하는구나.

나는 그들에게 인내하라고 속삭인다.

"아이는 돌아온다. 아이도 너를 사랑한다.

다만 자기가 누구인지, 어떤 사람이 되고 싶은지 모를 뿐이다."

너의 한숨과 흐느낌, 실망감에 축 처진 어깨.

내가 다 안다.

아무리 노력해도 늘 실패하고

옳다고 생각했는데 늘 잘못되는 일들.

내 사랑하는 아이야.

나는 내가 맡긴 일 이상을 너에게 요구하지 않는단다.

내가 맡긴 일에만 충실하렴.

네가 성공하든 못 하든 나에게는 중요하지 않아.

내가 말한 대로만 살렴.

내가 가르쳐준 대로 참된 삶을 살렴.

그런 다음 어떤 길이 네 앞에 펼쳐지든 상관하지 말아라.

선한 삶이 너를 자유롭게 할 거야.

나는 너를 믿는다, 나의 아이야.

넘어졌다고 길이 끝나는 건 아니란다.

일어나서 다시 가면 돼.

회개하고 내가 있는 네 집으로 오면 된단다.

5장

악의 습관

"검은 곡괭이!" 멀리서 들리는 소리를 뒤로하고 자전거 페달을 다리가 안 보일 정도로 세차게 밟았다. 백인 아이들이 깔깔대며 웃었다. 그 아이들이 두려우면서도 한편으로는 화가 났다. 따라오지 못하겠다 싶을 만큼 달린 뒤에야 숨을 돌리고 뒤를 돌아보았다. "삽 같은 놈들아!" 두근거리는 마음으로 소리를 질렀다. 아이들이 말하는 투로 봤을 때 나에게 욕을 했다는 건 알겠는데, 그 욕이 무슨 의미인지는 몰랐다. 나중에 알고 보니 땅을 파는 데 쓰는 곡괭이(black pick)가 아니라 원유나 콜타르 따위를 증류하고 남은 찌꺼기처럼 새까맣다(pitch black)는 말이었다. 아이들까지도 인종차별적인 말들을 알고 있었다. 저녁 식탁에서 어른들이 나누는 말이나 거리에서 들리는 욕설을 들으면서 자연스럽게 배운 것이다. 백인 아이들의 조롱 속을 지나가는 일은 고욕이었다. 어릴 때 살던 벤테르스도르프 외곽의 흑인 거주지에서 자전거를 가진 아이는 내가 유일했다. 아버지는 거의 매일 백인 동네로 가서 담배나 신문을 사 오라는 심부름을 시키곤 했는데 그때마다 나는 백인 아이들을 지나칠 수밖에 없었다.

아이들은 인종차별적인 모욕을 일찍부터 배웠다. 처음부터 안 게 아니라 배워서 안 것이다. 반대로 흑인 아이들은 인종차별의 고통을 일찍부터 배웠다. 한번은 주중에 시내로 심부름을 갔다. 학교에 갈 시간이 이미 지났는데 아버지가 상점에서 이것저것 사 오라고 했다. 백인 아이들이 다니는 학교를 지나가는데, 우리 동네 흑인 아이들이 학교 앞 쓰레기통을 뒤지고 있었다. 당시 정부에서는 백인 아이들에게 급식을 제공하고 있었다. 하지만 많은 아이들이 집에서 싸온 도시락을 먹느라 급식으로 받은 빵과 과일을 쓰레기통에 버리곤 했다. 반면 흑인 아이들에게는 급식이 제공되지 않았다. 대부분의 흑인 아이들은 빵이나 과일을 사 먹을 형편도 안 되었다. 과거에는 흑인 아이들을 위한 급식이 있었으나 아파르트헤이트의 국민당 정권이 들어서면서 급식도 폐지되었다. 당시 헨드릭 페르부르트 총리는 급식 폐지 이유에 대해 "모든 흑인 아이들에게 음식을 제공하지 못하므로 아무에게도 제공하지 않겠다"고 설명했다. 흑인이든 백인이든 아이들은 상식에 어긋나는 인종차별 행위나 태도에 대해서 이의를 제기해서는 안 된다고 배웠다.

어려서 겪은 인종차별은 죽을 때까지 계속된다. 인종차별적인 언사도 한 번 배우면 말을 할 때마다 나온다. 일부러 하려고 하지 않아도 자연스럽게 욕으로 나온다. 내가 아버지와 함께 어느 가게에 들어갔을 때의 일이다. 당시 아버지는 초등학교 교장이자 흑인 사회에서 지도자 역할을 하고 있었다. 내 나이는 여섯 살 정도였던 걸로 기억한다. 나는 키 크고 잘생겼으며 학식도 풍부한 아버지가 자랑스러웠다. 그런데 카운터에 있는 십대쯤 되어 보이는 백인 여자가 아버지에게 "이봐, 거기?" 하는 것이었다. 어른이라도 흑인은 무시해도 된다고 배웠기 때문이다.

자식 앞에서 무시당한 아버지의 기분이 어땠을까? 세월이 흘러서 나도 비슷한 모멸감을 경험한 적이 있다. 영국에서 돌아온 우리 가족은 엘리자베스 항에 도착했다. 지나가는 길에 놀이터가 있었다. 많은 아이들이 그네도 타고 미끄럼틀도 타면서 재미있게 놀고 있었다. 우리 딸이 아이들을 보며 같이 놀고 싶어 하는 눈치였다. 그러나 딸에게 '저 아이들과 너는 다르다'는 것을 어떻게 설명해야 할지 도무지 알 수 없었다. 그 놀이터는 백인 전용이었다.

아파르트헤이트의 법률과 규정상 한 개인의 삶 전부가 인종에 의해 결정되었다. 유색인종에게 자행되는 불의와 모욕으로 흑인들의 분노는 가중되었고 백인들의 감각은 무뎌졌다. 사실 내가 말한 사례들이 그리 심각한 일은 아니다. 그러나 백인들이 흑인들에게 주는 상처와 고통이 쌓여가면서 백인들은 흑인의 인간성을 말살하는 것이 습관화되었다.

인종차별은 일련의 과정을 거치면서 학습된다. 본능이 아니기 때문이다. 인종차별은 악하다. 악한 마귀는 언제나 창조에 대적한다. 우리가 선하게 만들어졌기 때문에 마귀는 선한 행동을 하려는 우리의 본능을 파괴해야만 악한 행동으로 유도할 수 있다. 인종차별정책을 성문화한 사람들도 이 점을 알고 있었다. 그들은 인간성 파괴의 중요성을 인식했다. 별도의 출입문, 별도의 시설, 배타적 해변과 벤치 등이 그 예이다.

그들은 시스템의 중요성을 인식했다. 예를 들어 흑인들은 유색인 신분증을 소지하고 다녀야 했다. 여기에는 나이, 인종, 성별을 비롯하여 운전 기록, 고용 기록, 결혼 여부, 거주 가능 지역 및 취업 가능 지역이 기록되어 있었다. 유색인 신분증은 흑인들의 활동을 통제하는 데 효과적이었다. 남아프리카 흑인들은 자신들이 태어난 고국에서 이방인 취급을 받았다.

백인 정부는 철저한 인종분리정책을 실시했다. 별도의 학교, 별도의 거주지, 엄격한 위계질서까지 상세하게 규정했다. 별 의문 없이 받아들인 특권은 또 다른 특권까지도 당연한 권리로 받아들이게 했다. 모두가 묵인한 결과 정의를 향한 본능은 점차 무뎌지고 악한 일을 선택하는 습관이 학습되어 뿌리내렸다.

우리가 선하게 만들어진 존재라면 과연 악은 어디에서 왔을까? 고대로부터 많은 이들이 고민해온 질문이다. 성서에서 하느님의 창조를 기록한 저자들은 선하신 하느님이 모든 것을 선하게 창조하셨다고 했다. 그리고 창조주께서는 인간에게 선택의 자유 또한 주셨다. 인간의 본성을 연구한 사람들은 일련의 작은 결정들을 통해 악이 뿌리내렸다고 설명한다. 아담과 하와, 뱀, 하느님이 금지하신 열매 등 별로 대수롭지 않게 보이는 선택으로 창조의 세계에 악이 들어왔다. 〈창세기〉를 보면 하느님은 에덴동산을 만드시고 최초의 남자와 여자를 살게 하셨다. 에덴은 모든 것이 완벽했다.

과연 정말로 완벽했을까? 완벽한 그곳에는 뱀이 살고 있었다. 뱀은 교활한 동물이라 언제든 인간을 유혹할 기회만 호시탐탐 노렸다.

"하와야." 뱀이 부드럽게 구슬렸다. "하느님이 너희더러 이 동산에 있는 나무 열매는 하나도 따 먹지 말라고 하셨다는데 그것이 정말이냐?"

"하느님께서는 이 동산에 있는 나무 열매는 무엇이든지 마음대로 따 먹되, 죽지 않으려거든 이 동산 한가운데 있는 나무 열매만은 먹지도 말고 만지지도 말라고 하셨어."

"절대로 죽지 않아!" 뱀은 흥분과 짜증이 섞인 말투로 대답했다. "그 나무 열매를 따 먹기만 하면 너희 눈이 밝아져서 하느님처럼 선과 악을 알게 될 줄을 하느님이 아시고 그렇게 말씀하신 거야."

"정말이야?" 하와는 호기심이 발동했지만 규칙을 지켜야 한다는 생각이 본능적으로 떠올랐다. 그러나 흥분과 호기심이 승리했다. 하와는 먼저 열매를 먹고 남편에게 주었다. 남편인 아담도 먹었다.

뱀의 유혹과 인간의 동의로 타락이 처음 창조의 세계에 들어왔다. 이후 그들의 눈은 밝아졌고, 자신이 벌거벗었다는 사실을 깨달았다. 둘은 무화과나무 잎을 엮어서 몸을 가렸다. 저녁 바람이 불 때 동산을 거니시던 하느님의 소리가 들렸다.

"어, 하느님이다. 숨자!"

남자와 여자는 나무 사이로 숨었다.

"아담아, 어디 있느냐?" 하느님이 아담을 부르셨다.

"당신께서 동산을 거니시는 소리를 듣고 알몸을 드러내기가 두려워 숨었습니다."

"네가 알몸이라고 누가 일러주더냐? 내가 따 먹지 말라고 일러둔 나무 열매를 네가 따 먹었구나?"

모든 범죄자들이 그러하듯 아담은 다른 사람을 탓하며 자신의 책임을 줄이려고 했다. 먼저 하느님을 탓하더니 다음에는 하와를 탓했다.

"당신께서 저에게 짝지어주신 여자가 그 나무에서 열매를 따

주기에 먹었을 따름입니다."

하느님이 하와에게 말씀하셨다. "어쩌다가 이런 일을 했느냐?"

아담과 마찬가지로 하와는 뱀을 비난했다. "뱀에게 속아서 따 먹었습니다."

아담과 하와는 인간의 역사상 최초로 자기 행동을 합리화하고 반쪽 진실만 이야기했다. 이후 성서를 보면 에덴동산의 뱀에서 시작된 타락은 모든 창조 세계에 전염병처럼 확산되었고 살인과 혼란은 일상이 되었다.

지난 세기의 역사만 봐도 에덴에서 시작된 악이 어떻게 확산되었는지 알 수 있다. 르완다 대학살과 나치의 홀로코스트와 같은 잔혹한 사건은 갑자기 벌어진 일이 아니다. 아파르트헤이트 역시 하루아침에 탄생하지 않았다. 선에서 악으로 가는 길은 세심하게 만들어진다. 고의적인 악이 허용되기 위해서는 합리화와 정당화라는 우리의 행동이 수반되어야 한다.

우리가 적으로 부르는 이들도 처음에는 '그들'로 지칭되다가 차츰 인간에게 해당되지 않는 단어로 불린다. 나치의 연설, 인종차별을 내세운 아파르트헤이트 정부의 정치 선전, 르완다 대량학살을 촉발시킨 자들의 발언을 보면 전쟁을 일으키기 전에 상대방에 대해 묘사하면서 처음에는 다른 부류라고 말한다. 차이점을 상세하게 말하면서 그들을 우리보다 '열등'하거나 '나쁜' 존재로 규정한다. 그런 다음 그들을 동물에 비유한다. 시간이 흐르면 짐승이라 부른다. 결국에 가서는 반드시 처치해야 하는 기생충 같은 존재로 취급한다. 악은 분명 창조와 반대다. 그렇지 않다면 우리가 저지르는 악행을 굳이 설명할 필요가 없을 것이다.

성서에 의하면 타락은 해일처럼 갑자기 들이닥치지 않았다. 천천히 한 방울 한 방울 조금씩 시작되다가 지구를 완전히 뒤덮는다. 성서의 역사가 그러하듯 세계의 역사도 마찬가지다. 우리의 삶을 봐도 그렇다. 갑자기 그릇된 방향으로 가는 사람은 없다. 잘못된 걸음의 방향을 고치지 않고 계속 가다 보면 나중에는 옳은 길에서 한참 멀어져 있다. 방송은 극적인 결과만 보도하기 때문에 일반 대중들은 모든 행위의 결과만 접한다. 잘못된 행위 하나하나가 모여서 더욱 큰 거짓말을 낳았다는 사실을 간과하는 것이다. 조금 추가해서 기록한 청구서, 꾀병, 누군가에 대해 과장하는 말, 타인에 대한 자극적인 반쪽 진실 등을 보면 사실 엄청나게 큰 죄가 아니다. 그러나 하나의 행동은 다음 행동의 문을 열며 점점 더 타락하게 된다.

이런 이유에서 많은 인생의 법칙들이 날마다 양심적인 행동을 하라고 강조하는 것이다. 인생의 법칙이란 집단의 사람들끼리 준수하기로 동의한 일련의 규칙들을 말한다. "이 일에 하느님이 계셨는가?"라는 질문 하나가 누군가의 행동에 큰 위안이나 불안을 주기도 한다. 음포는 아이들에게 점검용 질문 두 가지를 알려주었다. "좋은 일이었는가?" "필요한 일이었는가?" 아이들뿐만 아니라 어른들에게도 이 질문은 큰 도움이 된다.

우리는 실수를 저지른다. 바르지도 필요하지도 않은 행동과 발언을 할 때도 있다. 삶을 점검하는 위의 질문들은 우리에게 수치심이나 죄책감을 주기 위한 것이 아니다. 수치심과 죄책감은 변명과 합리화와 정당화로 이어질 뿐이다. 그 결과 더 잔인한 행동을 저지른다. "좋은 일이었는가?"와 "좋지 않았다면 필요한 일이었는가?"라는 질문은 아직 채 아물지 않은 우리가 준 상처에 대해 깨닫게 해준다.

한때 유행했던 "사랑은 미안하다고 말하지 않는 것"이라는 말은 틀렸다. 사랑은 "미안해"라고 과감히 말하는 것이다. 우리 인간의 본성을 감안할 때 사랑한다면 되도록 빨리, 그리고 자주 미안하다고 해야 한다. 음포의 남편 조는 정말 남자다운 사람이다. 음포는 부당하게 아이들을 꾸짖거나 화냈을 때 몸을 숙여서 아이들에게 사과하는 남편의 모습이 가장 남자답다고 한다. 사과와 용서는 잘못의 결박을 끊는다. 스스로를 용서하는 일은 그릇된 선택을 내리는 실수에서 우리를 해방시켜주는 열쇠다.

장황한 말로 설명해야만 누군가를 그릇된 길에서 바로잡을 수 있는 것은 아니다. 질문 하나, 한마디 말, 의견 하나면 잘못된 방향으로 가던 사람을 되돌리기에 충분하다. 음포는 그레이엄즈타운에서 살던 시절 일어난 일 덕분에, 무심코 저지르던 낭비하는 습관을 자각하게 되었다.

그레이엄즈타운은 남아프리카의 9개 주 가운데 가장 가난한 이스턴케이프 주에 있는 도시이다. 주의 실업률은 22퍼센트 정도이고 도시를 둘러싼 계곡에 있는 흑인 거주지 라이니의 경우는 실업률이 50퍼센트에 달한다. 직장이 있어도 대부분 능력 이하의 일을 하거나 낮은 임금을 받았다.

미국 수준의 임금을 받는 남편과 직장에서 받는 수당, 환차익 덕분에 음포는 그레이엄즈타운에서 부유한 축에 속했다. 매일 라이니에 사는 한 여성이 집에 와서 청소하고 빵을 굽고 세탁을 해주었다. 음포는 그 여성에게 다른 집보다 임금을 더 주고 아침과 점심까지 챙겨주었다.

음포는 신선한 과일을 뿔 모양 그릇에 담아 식탁에 두기를 좋아했다. 남아프리카는 과일을 좋아하는 이들에게 최고의 국가다. 복숭아, 자두, 사과, 포도, 리치, 오렌지, 망고, 바나나, 멜론 등 제철과일이 풍부하다. 이스턴케이프에는 달콤한 선인장 열매도 있었다. 그러나 과일은 제때 먹지 않으면 썩은 과일 하나 때문에 다른 과일까지 먹지 못한다. 그래서 음포는 썩은 과일이 보이면 바로 쓰레기통에 버렸다. 하루는 가정부가 쓰레기통에서 복숭아를 꺼내 들고 오더니 이렇게 말했다. "이 복숭아, 제가 가져가도 될까요? 여기만 잘라내고 먹으면 될 것 같아서요."

조금 썩은 과일을 버리는 일은 의도적으로 저지른 타락 행위라고 볼 수 없다. 버지니아나 과일이 풍부한 케이프타운이나 썩은 과일을 쓰레기통에 버리는 일은 주부라면 당연히 할 수 있는 행동이다. 그래야 그릇에 담긴 다른 과일들을 신선하게 유지할 수 있기 때문이다. 그러나 빵을 구걸하는 어른들과 굶주린 아이들이 많은 그레이엄즈타운에서는 무심코 하는 그런 행동까지도 다시 생각해볼 필요가 있었다.

어린 시절 런던에서 살았던 음포는 나이지리아 비아프라에 사는 아이들이 굶어 죽는 상황에서 자기 접시에 놓인 음식을 모두 먹을 수는 없다고 말했었다. "그 아이들과 같이 먹을래요. 혼자 다 먹을 수는 없어요." 버려진 복숭아를 먹겠다는 가정부를 보면서 음포는 자신에게 주어진 풍요에 깊이 감사했다. 비아프라는 너무 멀어서 그곳 아이들이 겪는 배고픔과 가난은 잘 모를 수 있지만, 그레이엄즈타운 사람들이 겪는 가난은 잘 알고 있었다.

알아차리고 음미하고 생각하고 즐기며 감사하는 등의 선한 행동을 배우기는 어렵지 않다. 훈련과 연습만 있으면 된다. 반면에 악한 행동을 허락하는 습관들, 무관심, 무시, 부주의, 산만함, 감사하지 않는 마음 등은 금방 뿌리내린다.

악을 뿌리내리게 만드는 습관은 외부에서 들어온다. 우리의 삶은 바쁘게 정신없이 돌아간다. 도무지 쉴 여유가 없다. 행동은 우리의 정신을 분산시켜서 우리를 더욱 무관심하게 만든다. 그러나 휴식과 회복을 위해 시간을 낼 때 비로소 주위를 향한 관심이 되살아난다.

  최근 음포는 내 친구이자 영적 형제인 달라이 라마와 함께 강연 무대에 올랐다. 음포는 달라이 라마의 말을 통역한 툽텐 진파의 집중력에 놀랐다고 한다. 오전 내내 길고 긴 발표와 토론이 계속되는 동안 진파는 영어를 티베트어로, 티베트어를 영어로 통역하기 위해 집중해서 들었다. 단 한순간도 주의를 흐트리지 않았다. 달라이 라마의 생각을 표현할 적절한 영어 단어를 기억하고 누군가가 영어로 말한 의견을 티베트어로 잘 전달하기 위해서였다. 음포는 동시통역사에게 필요한 집중력이 영적 지도자에게 필요한 집중해서 듣는 능력과 비슷하다는 생각이 들었다고 했다. 집중해서 듣는 연습을 하려면 충분히 휴식하는 시간이 반드시 필요하다.

  무관심은 휴식이 아니다. '멍하니 있기' 역시 힘을 되살려주지 않는다. 겉으로는 관심을 갖는 것처럼 행동하지만 생각이 다른 데로 떠나 있다. 우리의 관심을 얻으려고 열심히 말하던 사람은 우리가 다른 생각을 하고 있다는 사실을 알았을 때 속았다고 느낀다. 우리로서는 미안하기도 하고 억울하다. 잠시 한숨 돌리려고 했다가 예상치 못한 반응을 받았기 때문이다.

  보통 텔레비전 앞에서 많이들 하는 소위 '멍하니 있기'는 원기 회복에 도움이 안 된다. 복잡한 메시지들을 처리하려고 두뇌가 계속 활동하기 때문이다. 텔레비전이 쏟아내는 화면에 우리의 정신은 피로해진다. 두뇌는 텔레비전에서 내보내는 방송에 주의를 기울이다가도 그 내용에 흥미가 시들해지면 '왜 저런 방송을 하는 거지?' '텔레비전을 끄고 쉬는 게 낫지 않을까?'라고 질문한다. '멍하니 있기'와 텔레비전이 만들어내는 복잡한 메시지는 우리에게 '뭔가 해야 한다'는 생각을 강요한다. 이 생각은 분노와 죄책감을 일으킨다. 그래서 쉬고 싶은데도 멍하니 있다. 무언가를 해야 한다는 강박관념 때문에 쉬기가 두렵다. 이 복잡한 감정에 수반되는 불안과 분노는 감사에 도움이 되지 않는다.

우리는 불안감을 대수롭지 않게 여긴다. "나는 바쁘고 피곤하고 스트레스도 많아. 잠깐 숨 돌릴 자격이 충분해. 텔레비전 앞에서 좀 멍하니 있어도 괜찮아." 이러면서 계속 바쁘고 피곤하고 스트레스를 받는다.

참된 휴식과 회복은 감사를 불러일으킨다. 제대로 휴식하면 피곤함이라는 축복에 감사할 수 있다. 충분한 회복을 경험할 때 깊이 생각하고 묵상하는 즐거움도 되찾는다. 휴식과 재충전을 하면 제대로 집중할 수 있다. 이 집중이 바로 선한 행동을 연습하는 열쇠다.

힘든 일이 찾아오면 우리는 하늘을 보며 외친다. "왜 저예요?" 행운이 찾아올 때도 우리는 감사한 마음으로 묻는다. "왜 저예요?" 불교의 명상과 이냐시오 영성의 성찰은 모두 동일한 목적을 지향한다. 집중하면 악이 다가오는 것을 멈출 수 있다는 것이다. 관심을 가지고 집중하면 악이 어떻게 세력을 펼치는지 알아차릴 수 있다. 악은 쓰나미처럼 순식간에 밀어닥치지 않는다. 우리의 인생이라는 천에 들어와서 기쁨을 씻어버리고 아름다움을 더럽힌다.

악한 선택은 무수한 작은 결정을 통해 학습되며 작은 실수들은 반복을 통해 더 깊이 스며든다. 작은 잘못들을 점검하지 않고 놔두면 우리가 저지를 수 있는 모든 악한 행위들이 가능해진다. 다음 장에서는 우리 삶의 일부인 고통에 대해 이야기하겠다. 고통은 내 의지와 상관없이 타인에 의해 야기되기도 한다. 수십 년간 고통을 감내해야 했던 어느 지역의 이야기를 나눌 생각이다.

잠시 침묵하면서 우리 마음에 말씀하시는 하느님의 음성에 귀를 기울여보자.

네가 넘어지면서 외치는 소리를 들었단다.
너는 실수를 저지르고 넘어져서
죄책감과 수치심의 끝없는 구덩이로 떨어졌지.
그러나 끝이 없는 심연이란 없단다. 환상일 뿐이지.
내 손이 닿을 수 없는 나락 따윈 없단다.
나는 아주 오랜 세월 동안 너와 함께했단다.
너의 꿈과 너의 존재가 나에게 기쁨이었지.

매 순간이 선택이란다.

매 순간 실패하지 않고 번창할 기회가 있어.

매 순간 무수한 가능성이 있지.

나는 네가 가야 할 길을 만들어놓지 않았단다.

너와 함께 길을 만들 거야.

나는 너를 선하게 만들었단다. 네 앞에는 선함의 들판이 있어.

가는 길이 쉽지는 않겠지만

내가 딛는 모든 걸음이 너를 기쁨으로 인도할 거야.

유혹의 소리에 귀 기울이지 마라.

물론 잠시 헤맬 수는 있어.

나는 너를 믿는다. 나의 아이야.

넘어졌다고 길이 끝나는 건 아니란다.

일어나서 다시 가면 돼.

회개하고 내가 있는 내 집으로 오면 된단다.

나에게 구하렴.

너는 나를 찾을 수 있을 거야.

나는 영원 전부터 여기 있었고

영원토록 여기 있을 거야.

너를 기다리고 있단다.

어서 보자꾸나.

내가 떠나버렸다는 생각에

너는 혼자 달려 나가는구나.

나는 너를 지켜보고 있단다.

나는 너와 함께 있단다.

6장

우리가 고통받을 때 하느님은 어디에 계시는가

우리는 점점 싸움에 지쳐갔다. 어제는 모고파 위쪽 언덕에서 밤을 보냈다. 아파르트헤이트 정부와의 지지부진한 법적 분쟁이 몇 달간 이어지고 있었다. 우리는 차디찬 새벽 공기를 마시며 옹기종기 모여 있었다. 끝이 보이지 않는 투쟁을 계속 이어가기가 쉽지 않았다. 이곳은 최근까지도 번창하던 지역이었다. 무너진 잔해들이 그 증거였다. 400가구가 넘게 살고 있었다. 70년 전 이 지역을 매입한 바크웨나 사람들은 열심히 마을을 세웠다. 주변 산에서 돌을 깎아 건물을 짓는 데 사용했다. 집은 총 330채였다. 고등학교와 초등학교, 상점도 있고 교회도 네 곳이나 있었다. 마을의 자랑인 병원도 있었다. 모고파 마을에는 지하수와 저수지도 있었는데 가뭄으로 취약한 이 지역에서 매우 요긴했다. 아파르트헤이트 정부는 모고파를 '검은 반점'이라 불렀다. 백인 거주지 주변의 흑인 거주지라는 의미였다. 인종차별주의자들에게는 그들의 원대한 계획에 거슬리는 존재였다.

 살아온 역사는 중요하지 않았다. 바크웨나 사람들은 1913년부터 벤테르스도르프 외곽의 이 지역에 모여 살았으나, 인종차별 정책의 제도를 확립하는 데 중요한 법적 근거인 원주민 토지법의 희생자가 되었다. 법에 따라 흑인들이 소유 가능한 토지는 남아프리카 토지의 10퍼센트로 제한되었다. 남아공 흑인이 백인 소유의 농장에서 소작농으로 일하거나 가축을 방목하는 일도 불법이었다. 법은 기대한 효과를 거두었으나 매우 파괴적이었다. 수십만에 이르는 사람들이 집과 터전을 잃었다.

 강제로 땅을 빼앗기고 가축을 먹일 장소가 없어지자 흑인들은 백인들의 재산을 늘리는 값싼 도구로 전락했다. 바크웨나 사람들은 가축을 팔아서 인접한 농장 두 곳을 구입했다. 남아공 백인들을 위해 일하는 상황을 모면하고 자신들과 후손들이 편안하게 살 수 있는 미래를 마련했다고 생각했다. 토지 구입과 함께 결정권도 어느 정도 얻었다고 생각한 것이다.

 그러나 정부에게 모고파는 성가신 '검은 반점'이었다. 1960년대 후반, 정부는 이 지역을 말살시키기로 결의하고 일련의 법적 계략을 시도했다. 바크웨나 사람들을 거주지에서 퇴거시키기 위한 다양한 노력이 전개되었다.

1983년 정부는 주민들이 '자발적으로' 이주하도록 회유와 협박을 시작했다. 모고파와 벤테르스도르프 사이의 버스 운행을 중단했다. 초등학교와 고등학교에서 교사들도 쫓아냈다. 학교 건물을 철거하고 교회를 불도저로 밀어버렸다. 병원도 파괴하고 마을에 물을 공급하는 펌프도 제거해버렸다. 1983년 8월쯤 170가구가 살기를 포기하고 지역을 떠났다. 정부는 그들의 집을 완전히 파괴했다. 불도저를 대기해놓고 마을을 떠나는 사람들의 집을 곧바로 무너뜨렸다. 1983년 8월 21일에 정부는 퇴거명령을 내리고 아직 남아 있는 주민들에게 열흘 내로 떠나지 않으면 강제로 쫓아내겠다고 했다. 퇴거 중지를 위한 법원의 명령이나 항소는 용납되지 않았다.

열흘째 되는 날 다소 의기소침한 상태에서 우리는 철야농성을 시작했다. 노래를 부르고 추위를 견디기 위해 발을 굴렀다. 인종차별 철폐를 위해 싸우는 열심 당원들과 잠재 당원들이 모두 모인 듯했다. 정의를 위해 싸우는 반인종분리 여성단체 블랙새시(Black Sash)의 여성들을 비롯하여 남아프리카 교회협의회 회원들도 많이 모였다. 세계개혁교회협회 알란 부삭과 통일민주전선(UDF) 소속 회원들도 있었다. 하느님은 대체 어디 계신 걸까 나는 궁금했다.

한 연로한 마을 주민이 일어나서 기도를 시작했다. "하느님, 하느님이 우리와 함께 계심을 알고 있습니다. 우리를 사랑해주셔서 감사합니다." 나는 그의 기도에 놀랐다. 하느님이 계시다는 증거도 보이지 않고 불도저와 인종차별만 보이는 마당에 하느님의 사랑이 어디 있단 말인가?

그날 철거팀은 오지 않았다. 정부가 계획을 포기했나 싶었다. 몇 달간 정부가 아무런 행동을 취하지 않자 사람들은 담대해져서 집을 다시 지었다. 버스 노선도 재개되고 학교도 문을 열었다. 그러나 1984년 밸런타인데이에 아무런 예고도 없이 경찰이 들이닥쳤다. 경찰은 지역을 통제하고 전화선을 모두 끊어버렸다. 당시 지역에 남아 있던 350가구는 하루 만에 남아공 백인 정부가 만든 흑인 국가 보푸타츠와나로 강제 퇴거되었다.

악의 승리가 확실해 보이는 순간이었다. 모고파의 바크웨나 사람들은 자기들의 본토에서 쫓겨나 낯선 곳으로 쓰레기처럼 버려졌다. 어떻게 하느님은 이런 일이 일어나도록 놔두신 것일까? 불의가 한 지역을 철저히 집어삼키는데도 하느님은 어찌하여 도와주시지 않는가? 주민들의 용기와 결단과 의지를 보셨으면서도 왜 싸늘한 악의 세력이 마음껏 행동하게 놔두시는가? 하느님은 그들의 고통을 보신 걸까? 주무시거나 등을 돌리고 떠나버리신 게 아닐까? 오랜 세월 억압받던 사람들의 간절한 간구와 〈시편〉 작가의 울음 섞인 비가(悲歌)가 절실히 다가왔다.

나의 주여, 일어나소서. 어찌하여 잠들어 계십니까?

> 깨어나소서. 우리를 영원히 버리시렵니까?
> 어찌하여 외면하십니까? 억눌려 고생하는 이 몸을 잊으시렵니까?
> (시편 44:23-24)

분명히 선하고 정당하고 바른 일을 했는데도 결과적으로 실패하면 하느님의 임재에 대한 의심이 생긴다. 당시 우리는 아파르트헤이트를 중단시키지 못했다. 해를 거듭할수록 비인간적인 인종차별이 우리 삶을 잠식해갔다. 우리는 마귀를 알고 있었다. 마귀는 하느님의 자녀로 하여금 자신이 하느님의 자녀인지 의심하게 만든다. 당시에도 마귀가 계속 승리하는 것처럼 보였다.

여러 세대에 걸쳐서 불의를 겪으며 제기된 질문들은 지금까지 계속된다. 하느님은 정말 어디에나 계실까? 우리가 고통받는 지금 이곳에는 왜 하느님이 계시다는 증거가 보이지 않을까? 하느님은 정말 전능하실까? 그렇다면 왜 우리에게 고통이 있을까? 하느님은 정말 선할까? 선하신 하느님이 왜 악을 허락하셨을까? 전능하신 하느님이 왜 불의 앞에서 무능해 보일까? 우리의 고통을 바라만 보고 없애주지 않는 하느님이라면 그분이 어디에나 계시다는 게 무슨 소용일까? 이런 의문들은 여전히 해결되지 않았다.

그러나 모고파에서 기도한 분의 말이 맞다. 하느님은 어디에나 계시며 삶의 구렁텅이에 빠진 우리와 지금도 함께 계신다. 두려움, 고통, 슬픔 때문에 하느님에 대한 시각이 흐려질 수 있다. 때로는 빛이 보이지 않는 고통 때문에 눈을 꼭 감아버리기도 한다. 하느님이 전혀 보이지 않아도 하느님은 분명히 계신다. 그분은 우리가 경험하고 인내하는 모든 일 속에서 우리와 함께 계신다.

하느님이 우리와 함께 계시고 선하시다면 왜 우리가 고통받는 모습을 지켜만 보고 계실까? 우리를 괴롭히는 사람들을 뒤흔들어서 회개하게 해야 하지 않을까? 왜 그들을 악한 길에서 되돌리지 않으실까? 하느님은 전지전능하시며 어디에나 계시지만 변덕스러운 분이 아니다. 하느님이 자연의 법칙을 마음대로 바꾼다면 당장은 우리에게 안도감을 줄지 모른다. 그러나 그 안도감이 지속될까? 계절의 변화를 예상할 수 없고, 무거운 물체가 가라앉고 가벼운 물체가 떠오른다는 기본적인 사실조차 확신할 수 없다. 언제든 마음이 변하는 변덕스러운 하느님이라면 자연의 질서도 유지되지 못한다.

하느님은 일관된 분이다. 우리를 기다리시는 하느님은 모든 인류를 기다리시는 바로 그 하느님이다. 하느님은 잘못을 저지르고 용서가 필요한 우리가 스스로 회개하기를 기다리신다. 탕자와 그를 사랑하는 아버지의 이야기는 탕자처럼 죄를 짓는 우리에게 큰 위로를 준다. 우리는 마음대로 방황할 자유와 언제든지 하느님의 집으로 돌아갈 수 있다는 확신을 원한다. 그러나 피해자가 된 상태에서는 인간의 자율성을 존중하는 하느님의 마음을 쉽사리 받아들이지 못한다. 하느님의 눈으로 바라봐야 하는 순간에도 인간의 자유를 존중하는 하느님을 이해하기가 어렵다.

아들이 정신을 차리고 집으로 돌아올 것이라 믿으며 하염없이 기다린 탕자의 아버지는 어떤 심정이었을까? 많은 이들이 탕자의 부모가 했던 역할을 막연하게만 알고 있다. 자녀가 마약과 술을 끊기를 기다리면서 고통의 세월을 무작정 기다리기만 하는 부모가 얼마나 될까? 물에 빠져 허우적대는 아이를 보면서 가만히 팔짱 끼고 앉아 있을 부모가 몇이나 될까? 아이를 구하려고 시도조차 하지 않는 부모가 과연 있을까? 탕자의 부모가 되는 것과 탕자가 되는 것은 전혀 다른 이야기다.

상처받는 당사자가 되면 하느님처럼 사랑으로 인내하기가 결코 쉽지 않다. 끝없이 용서하시는 하느님은 넘어지고 실수하는 우리에게 큰 위로가 된다. 그러나 정신적·육체적으로 고통받는 이들에게는 시험대로 다가오기도 한다. 인간의 마음이 변하기를 기다리시는 하느님은 인간의 잔혹성에 희생된 사람들에게 아무런 위로가 되지 못한다. 하느님은 결코 이중잣대를 갖고 계신 분이 아니라 언제나 한결같은 분이지만, 그분의 사랑과 임재에 대한 우리의 의문은 쉽게 풀리지 않는다.

악행을 저지르는 가해자들을 하느님의 눈으로 보기는 거의 불가능하다. 슬픔과 고통, 심지어 죽음에 직면한 사람들은 가해자들에게도 일말의 선함이 있다고 믿기가 현실적으로 어렵다. 우리는 고문과 학대를 받은 사람들이 극심한 고통을 감내하고도 복수하려 들지 않는 모습에 적잖이 놀라곤 한다. 그런 사람들은 우리와는 전혀 다른 부류라고 생각한다. 그러나 정도의 차이가 있을 뿐 누구에게나 긍휼의 마음이 존재한다. 작은 실수라도 용서할 때는 어느 정도 가해자의 행동이 변하리라는 믿음이 있다. 우리의 마음속 어딘가에는 도덕적 세계가 존재한다. 당장은 선함이 보이지 않지만 분명히 존재한다고 믿는 것이다.

  도덕적 세계. 이 도덕적 세계의 존재는 역사가 증명한다. 어느 시대에나 폭군과 독재자가 있었지만, 결코 끝나지 않을 것 같던 철권 정부와 폭군도 결국 모두 몰락하지 않았는가. 정의와 평화를 얻기 위해 투쟁한 결과를 살아 있는 동안 보지 못할 수도 있다. 다르푸르 사태, 버마 독재정권, 탈레반 테러 등은 오래갈지도 모른다. 그러나 영원히 지속되지는 않는다. 소련의 몰락, 나미비아의 탄생, 북아일랜드의 평화, 남아프리카의 민주주의를 누가 예상이나 했겠는가? 생각 속에서 막연하게 꿈꾸던 변화였다. 마틴 루터 킹 목사의 말이 기억난다. "도덕적 세계의 포물선은 길지만 결국 정의를 향해 휜다."

  정의가 확고히 자리 잡을 때까지 기다리는 일은 쉽지 않다. 하느님의 진정한 뜻을 우리로서는 알 수 없다. 빼앗긴 권리를 되찾기 위해 마음을 모아 기도해도 아무 응답이 보이지 않을 때 우리는 하느님께 화를 낸다. 하느님의 선하심과 그분의 임재, 심지어 그분의 존재 자체에 대해서까지 의심하게 된다. 그러나 하느님이 변덕스러운 분이 아니라는 사실은 바로 그 침묵이 증명한다. 하느님이 우리가 요청할 때마다 개입하셨다면 자연의 규칙은 사라졌을 것이다. 각자가 하느님의 권능을 이용하려고 자기 뜻대로 기도하는 바람에 만화에나 나오는 세상이 되었을지도 모른다. 우리는 소망이 좌절되고 기쁨이 거부되거나 지연될 때 우리가 하느님의 거대한 계획 속에서 이리저리 끌려다니는 존재가 아님을 깨닫는다. 응답받지 못한 기도는 우리가 삶에서 중요한 역할을 맡고 있다는 은혜로운 증거로 볼 수 있다. 우리는 역사의 흐름 속에서 창의적인 권위를 갖는다.

물론 우리의 행동이 역사의 흐름을 뒤집기에는 미약해 보이고 나 하나의 힘이 무슨 소용인가 싶을 때도 있다. 우리의 고통과 인내는 양동이에 떨어지는 물 한 방울로밖에 안 보인다. 그러나 음포가 종종 강조하듯이 마지막 한 방울로 양동이 물이 넘치는 법이다. 인종차별에 반대하는 백인 여성들의 조직 블랙새시의 투쟁도 그 물 한 방울이었다. 그들은 집회 및 시위에 대한 법을 어기지 않으면서 정부 정책에 대항하기 위해 1인 시위를 택했다. 아르헨티나의 '5월 광장 어머니회' 역시 물 한 방울에 불과했다. 아르헨티나의 추악한 전쟁 속에 사라진 실종자들의 어머니들은 30년 동안 매주 목요일마다 30분의 침묵시위를 벌였다. 그들은 실종된 자녀의 이름을 수놓은 하얀 스카프를 머리에 둘렀다. 경찰이 집회를 저지하자 둘씩 짝을 지어서 광장 주위를 걸었다.

모든 사람이 자기가 속한 시대와 장소에서 인간의 역사라는 양동이에 떨어지는 물 한 방울이 될 때 역사는 달라진다.

모고파 주민들이 좋은 사례가 될 수 있다. 그들은 믿음이 있었고 도덕적 세계가 존재한다고 확신했다. 당장은 악이 지배할지라도 영원하지 않다는 믿음이었다.

모고파 사태는 오래 지속되었다. 그러나 그 노인의 믿음은 결국 사실이 되었다. 마을이 파괴된 뒤에도 모고파 주민들은 자신들의 땅으로 돌아가게 해달라고 지속적으로 청원했다. 아파르트헤이트 종식 이후 1994년에 새로 구성된 남아공 의회는 토지소유권회복법을 통과시켰고 모고파 주민들이 제일 먼저 그들의 땅에 돌아왔다. 노인의 말이 맞았다. 마을은 파괴되었지만 하느님은 주민들의 마음속에 함께 계셨다. 하느님의 사랑에 대한 믿음이 있었기에 주민들은 기도가 응답받지 못하는 것처럼 보이는 긴 세월을 견디면서 지속적으로 싸울 수 있었다. 주민들의 끈질긴 청원은 의회에서 법을 통과시키는 데 촉매제가 되었다. 모고파 주민들은 토지소유권을 강제로 박탈당한 수많은 사람들을 대신하여 남아공 역사에 중요한 역할을 담당했던 것이다.

모고파 주민들은 당장 눈앞에 있는 상황의 너머까지 보았다. 그들은 불의에 맞서야 한다는 신념으로 정부에 계속 청원했다. 자신들뿐만 아니라 앞으로 자랄 후손들을 위해서라도 정의를 바로 세우는 일이 중요하다는 믿음이 있었다. 그들의 고통에는 의미가 있었다. 투쟁의 기간은 암울하고 힘겨웠지만 충분히 가치 있는 목적을 위한 싸움이었고, 다음 세대에 물려줄 보물을 위한 투쟁이었다.

때로는 투쟁이 아무 의미 없어 보이기도 한다. 음포와 나는 생을 마감하는 사람들을 많이 만나보았다. 호스피스 병동에 있는 환자들과 그들의 가족들도 많이 만났다. 연로한 상태에서 호스피스 병동에 온 사람들은 최대한 평안하고 품위 있게 생을 마감할 수 있다. 반면 상대적으로 젊은 나이에 호스피스 병동에 온 사람들이 있다. 암이나 기타 질병에 걸려서 가능한 모든 방법을 동원했으나 실패한 사람들이다. 그들은 인간이 한 번은 죽어야 한다는 사실을 인정하면서도 세상에 남겨둔 보물에 대한 미련을 버리지 못한다. 그들을 사랑하는 가족들 또한 그들이 겪는 질병과 고통과 죽음에 의미가 있다고 여기지 않는다.

음포가 사역 중에 만난 어느 커플은 늦은 나이에 사랑에 빠졌다. 그들은 노년을 함께 보내면서 삶의 기쁨을 공유했다. 그러나 아내가 병에 걸려 증세가 급격히 악화되었다. 아내는 평안히 죽음을 맞이했지만 남편은 하늘을 향해 질문을 퍼부었다. "왜 아내가 아파야 합니까?" "왜 아내가 고통받아야 합니까?" "우리를 이렇게 가슴 아프게 하실 거라면 왜 우리 둘을 만나게 하셨습니까?" 그리고 차마 말로 하지 못한 질문이 있었다. "왜 제가 고통

받아야 합니까?" 사랑하는 사람이 아프면 우리도 함께 아프다. 그들의 고통을 모두 헤아릴 수 없어서 고통스럽고 그들의 고통을 덜어줄 수 없어서 고통스럽다.

고통은 인간이 겪어야 하는 일 가운데 하나로서 우리의 한계와 연약함을 가르쳐준다. 우리는 고통을 통해서 공동체의 존재를 새삼 느끼고 경험을 함께 공유한다. 그렇지만 고통으로 인해 사람들과 거리를 두고 고립되는 쪽을 선택할 수도 있다. 희생자에게 부여하는 수치스러움은 가장 잔인한 고통이다. 성폭력, 가정폭력, HIV/에이즈 감염의 희생자들은 세상 사람들이 씌우는 오명의 고통까지 더해져서 더욱 고립된다.

하느님이 보시기에 고통의 높고 낮음은 없다. 하느님은 우리를 판단하고 우리의 고통을 분석하면서 가만히 지켜만 보시지 않는다. 하느님도 우리와 함께 괴로워하신다. 우리가 무엇 때문에 고통을 받는지는 그분께 중요하지 않다. 하느님은 우리가 낫기만을 바라시지 우리가 고통스러워하기를 바라시지 않는다. 고통을 하느님께 내어드린다면 하느님이 그 고통을 사용하신다.

고통은 아름답게 보이지 않지만 오직 고통 속에서만 발견되는 숨은 선물이 있다. 질병과 함께 따라오는 고통은 무익해 보일 뿐이다. 특히 그 고통을 지켜보는 사람들에게는 더욱 그렇다. 그러나 아픈 사람들이 보이는 인내와 유머감각은 다른 사람들에게 새로운 감동을 주며, 그들을 기다리고 지켜보며 초조한 가운데 기도하는 사람들은 아픈 사람에게 긍휼의 마음을 전한다. '함께 고통받는다'라는 의미를 가진 '긍휼(compassion)'이야말로 가장 유익한 고통이다. 물론 긍휼은 아무것도 바꾸지 못한다. 상황을 바꾸지도 못한다. 그렇지만 긍휼한 마음을 가진 사람은 하느님의 눈으로 본다. 바라는 대로 되지 않을 수 있다는 사실을 알면서도 탕자의 아버지 옆에 앉아서 같이 기다린다. 우분투 신학은 공동체 정신을 강조한다. 우분투 정신을 갖고 있으면 현재의 고통이 우리가 죽기 전에 그 의미를 찾지 못할 수도 있음을 알면서도 인내하게 한다. 노르위치의 줄리안처럼 고백할 수 있는 것이다. 때가 되면 "다 잘될 것이다······. 다 잘될 것이다."

고통을 받는 당사자에게는 아무 유익도 없는 것처럼 보이지만 그 고통이 공동체에 영향을 미치는 경우가 있다. 2009년에 나는 버락 오바마 대통령으로부터 자유훈장을 받았다. 공동수상자 중에 낸시 G. 브링커가 있었다. 낸시의 언니 수전 코멘은 1980년 유방암으로 사망했다. 모든 치료가 실패하여 고통을 겪으며 세상을 떠난 수전을 지켜보던 가족들에게 그 상황은 결코 선물로 보이지 않았다. 수전 자신에게도 가족에게도 그저 아프기만 한 상황이었다. 그러나 수전의 고통으로 인해 한 재단이 탄생했다. 언니가 사망한 뒤 낸시는 언니를 추모하면서 코멘 재단을 설립하여 세계 수백만의 사람들에게 희망을 주고 있다. 수전 G. 코멘 재단은 유방암 연구, 교육, 의료서비스를 위해 기금을 마련하고 있으며, 코멘 재단 덕분에 유방암 치료자들의 삶의 질이 한층 높아지고 새로운 치료법도 개발되었다. 한 여성이 겪은 치료의 실패와 고통과 죽음으로 인해 전 세계 수백만 명에게 희망과 생명의 문이 열린 것이다.

우리가 무엇으로 고통을 받든지 간에 영원을 보시는 하느님은 우리가 겪는 고통의 중심에서 우리와 함께하신다. 더 나은 삶을 위해 겪어야 하는 고통이나 타인에 대한 연민으로 인해 느끼는 고통 속에서도 하느님은 우리 옆에 계신다. 실패는 특별한 고통을 남긴다. 다음 장에서는 실패가 가져오는 시험과 보물에 대해서 이야기하겠다. 먼저 내가 겪은 실패담으로 시작할 생각이다.

잠시 침묵하면서 우리 마음에 말씀하시는 하느님의 음성에 귀를 기울여보자.

고통은 내 자녀들을 영웅으로 만들기도 하지.
고통을 견디면서 보여준 강인함은 모두에게 귀감이 되지.
하지만 고통이 고통으로만 보일 때도 있어.
불필요해 보이고
아무런 의미도 없어 보이고
아무런 교훈도 없고
아무런 도움도 안 되는 것 같을 때가 있지.

그저 고통일 뿐이라는 생각.

홀로 고통을 건너야 한다는 생각이 들지.

버림받고 소외되었다는 느낌.

내가 떠나버렸다는 생각에

너는 홀로 달려 나가는구나.

상처입은 마음은 갈피를 못 잡고

고통으로 몸은 더욱 쇠약해지는구나.

나는 너를 지켜보고 있단다.

내가 너와 함께한다는 것이 믿기지 않겠지만

나는 너와 함께 있단다.

네가 고통을 피해 달려가지 않고 고통에 직면할 때

고통을 인정하고 한 걸음 내딛을 때

그 고통을 바라볼 때

나를 볼 수 있지.

네가 고통 중에 있을 때 나는 너와 함께 있었단다.

고통으로 내 몸이 쇠약해지고

아픔과 괴로움이 네 생각을 휘어잡더라도

도망치는 걸음을 멈춘다면 나를 보게 될 거야.

나는 결코 너를 버리거나 떠나지 않는단다.

너는 결코 혼자가 아니야.

내가 너와 함께 있단다.

나는 줄곧 여기 있단다.

네가 홀로 눈물 흘리던 바로 거기

네가 나를 거부했던 바로 거기에

내가 있단다.

7장

우리가 넘어질 때 하느님은 어디에 계시는가

내가 사제서품을 받고 두 번째로 부임한 곳은 앨버튼 인근 토코자의 성필립보 교회였다. 성필립보 교회는 우리 가족에게 최상의 곳이었다. 첫 부임지에서는 차고에 살았지만 이제 우리 가족에게 집이 생겼으며 아내가 초등학교에서 가르치게 되면서 집안 사정도 조금 나아졌다.

    나는 성필립보 교회에서 보좌사제로 섬겼다. 이 교회는 나탈스프루트에 위치한 성베드로 교회의 지부였다. 내 상관인 성베드로 교회의 보이 부주교님이 나에게 최대한의 자율권을 보장해준 덕에 나는 마치 교구사제처럼 교회를 운영할 수 있었다. 나는 신참 사제로서의 열정이 가득했다.

    나는 매일 성체성사와 만도(저녁 기도)를 드렸는데, 교구를 두

지구로 나누어 매주 금요일은 교회가 아닌 지구에서 예배를 드렸다. 오전에는 각 지구의 중심이 되는 가정에서 성체를 드리고 오후에는 병을 앓고 있거나 몸이 불편한 분들을 방문했다. 모든 일이 순조로웠기 때문에 나는 내가 잘하고 있다며 의기양양했다.

그런데 두 가지 일이 연달아 일어났다. 첫 번째 일은 사제가 경험할 수 있는 최고의 일이라 할 수 있다. 어느 날 평소에도 자주 방문했던, 병들어 아픈 한 교구민의 집에서 병자성사를 드렸다. 그리고 방문을 다녀온 후 성사를 마친 직후에 그분이 돌아가셨다는 소식을 들었다. 내가 꽤 괜찮고 성실한 사제라는 생각이 들었다. 약간 교만했던 것 같다.

그 일이 있은 얼마 후 전혀 다른 일이 벌어졌다. 금요일 일정을 모두 마치고 쉬려는 참에 예정에 없던 교구민의 가정을 방문해 달라는 요청이 들어왔다. 나이 드신 부인의 건강이 썩 좋지 않다고 했다. 방문이 수고로운 일이기는 하지만 그렇다고 크게 불편한 일도 아니었다. 토코자가 넓은 지역도 아닌 데다 그 댁은 우리 집에서 그리 멀지도 않았다. 그러나 나는 그날이 해당 지구를 방문하는 날이 아니라서 다음으로 미루고 바로 퇴근했다. 부인은 다음 방문 예정일이 되기도 전에 세상을 떠났다.

그 일은 나에게 충격이었다. 내 꾀에 내가 넘어간 셈이었다. 내 일정을 중시하느라 절실한 필요를 외면했던 것이다. 돌봐야 할 사람의 필요보다 내 작은 편리만 추구했던 것이다. 게으름에 굴복한 탓에 저지른 내 잘못을 만회할 방법도 없었다. 성직자로서 나는 크나큰 상처를 받았다. 예수님을 따르겠다고 이 길을 택하지 않았던가. 예수님은 아이를 고쳐주기 위해 급히 가시던 중에 만난 도움이 필요한 사람을 외면하지 않았다. 하혈증에 걸린 여인의 이야기를 알고 있을 것이다(루가 8:40-56, 마르 5:21-43, 마태 9:18-26. 〔손을 대기만 해도 병이 나으리라는 믿음으로 예수님의 옷자락에 손을 댄 여인을 가리킨다-옮긴이〕).

이 경험으로 나는 더욱 낮아졌다. 나는 내 사역의 방향을 재조정했다. 내가 세운 계획과 일정에 대한 자부심도 버렸다. 다시금 무릎 꿇고 내 삶과 사역 방식에 대해 생각했다. 내 계획과 자아를 삶의 중심에서 끌어내리고 하느님께 집중했다.

그 이후로도 우여곡절이 많았다. 가정에서 겪는 크고 작은 일뿐만 아니라 세상에서 공적으로 해야 할 일도 많았다. 사춘기를 보내는 아이들을 키우면서 다툼과 질투, 이성 문제 등으로 바람 잘 날이 없었다. 그러나 그 과정에서 인간의 지식이 얼마나 미약하고 우리가 얼마나 하느님의 은혜에 의존할 수밖에 없는 존재인지 깊이 깨달았다.

진실화해위원회 역시도 사실 내 능력 이상의 일이었다. 여러 모로 성공적이었다고 할 수 있었는데, 함께 일한 사람들이 모두 훌륭했다. 우리는 인종차별정책이 남긴 상처를 치유하려고 노력했다. 그러나 아쉽게도 남아공 백인들의 충분한 참여를 이끌어내지는 못했다. 그 점은 큰 아쉬움으로 남는다. 사역과 일에서 성공적인 결과를 많이 경험했지만 토코자에서의 일이 특히 나를 겸손하게 해주었다. 내 사역과 인생의 중심이 된 듣는 기도 역시 토코자에서의 실수가 남긴 유산이었다.

실수로 인한 자괴감 때문에 하느님과 자신과의 거리가 멀어졌다고 생각하는 사람들이 있다. 하느님이 우리에게 실망하여 등을 돌리셨다고 생각한다. 그러나 실수는 교만 때문에 벌어진 틈을 연결하는 다리가 될 수 있음을 나는 깨달았다. 나 자신과 내 계획만을 중요하게 생각하는 동안 나는 하느님이 일하실 영역을 차단했다. 꽉 짜인 일정과 질서정연한 삶 때문에 나를 가르치고 나에게 영향을 줄 누군가가 들어올 여유가 없었다. 토코자에서 저지른 실수는 나와 내 사역에 주어진 선물이었다.

실수는 우리 스스로가 만든 착각을 없애는 데도 도움이 된다. 우리 시대의 환상 중 하나로 '자수성가한 백만장자'가 있다. 부를 갖기 위한 과정에서 겪는 실패와 실수는 자기 확대의 자리에 하느님이 들어갈 공간을 만든다. 그런데 자수성가한 자신을 자랑스러워하는 사람은 하느님을 삶에서 통제가 가능한 부분으로 제한하고 삶의 주도권을 자신이 쥔다. 자기가 원하는 삶의 모습과 그 삶을 이루기 위해서 어떻게 해야 할지를 스스로 판단한다. 하지만 실패는 우리 삶에서 일하시는 하느님의 손길을 볼 기회를 준다. 우리가 현재의 자리에 오르기까지 수고해준 많은 사람들의 도움을 기억하게 한다.

실수는 하느님과 더욱 깊이 교제하는 계기도 제공한다. 모세가 하느님과 만난 시기는 이집트 왕자로서 높은 자리에 있던 때가 아니었다. 그는 가장 낮은 자리에 있을 때 하느님을 만나고 부르심을 받았다. 모세는 더 이상 왕자 신분도 아니었으며, 살인자 신분으로 이집트에서 도망쳐 동족에게 존경을 받기는커녕 조롱과 조소의 대상이었다. 미디안에서 도망자와 일꾼으로 지내던 때 모세는 떨기에서 불꽃이 이는데도 타지 않는 것을 보았다.

우리도 마찬가지다. 밧줄 끝에 매달린 듯한 순간이 되어야 마침내 하느님의 안전한 손길을 깨닫는다. 더 이상 자기 힘으로 의지할 수 없다는 사실을 알고 나서야 하느님이 일하시도록 공간을 내어드린다. 자수성가라는 신화가 사라질 때 하느님의 임재에 비로소 눈을 뜰 수 있다. 이런 경우 실패가 오히려 축복이다. 우리가 재능이나 재산에 대해 자랑스러워하고 의기양양할 때 실패는 우리를 무릎 꿇게 하고 정신을 차리게 해준다.

때로는 실패가 축복이 아닌 저주처럼 보이기도 한다. 사랑, 신념, 일 등 그 무엇으로도 두 사람이 함께할 수 없어서 실패한 결혼은 커다란 상처를 낳는다. 타이르고 혼내고 선물도 주었지만 비뚤어진 아이를 바로잡지 못한 경우 한 사람의 인생을 망치는 결과를 낳는다. 최선을 다해서 변호했지만 아무 죄 없는 사람이 유죄 판결을 받는다면 사법제도의 실수로 한 사람의 인생이 끝나거나 감옥에서 여생을 보내게 된다. 질병을 치료하지 못해 목숨을 잃을 수도 있다. 성공하기 위해 할 수 있는 한 최선을 다했는데도 성공을 얻지 못하면 거기에서 선물을 발견하기는 어렵다. 사실 실패한 당사자는 아무 선물을 찾지 못할 수도 있다.

　실패한 뒤에 당장 그 의미와 선물이 보이지 않고 교훈을 찾기가 어려울 수도 있다. 때로는 동일한 고통을 여러 번 겪은 뒤에야 교훈을 깨닫기도 한다. 나치의 홀로코스트를 멈추게 하는 데 실패한 세계 지도자들은 "다시는 결코 일어나서는 안 된다"고 외쳤다. 르완다 대학살을 중단시키지 못했을 때도 "다시는 결코 일어나서는 안 된다"고 외쳤다. 우리는 처음 사건이 일어났을 때 교훈을 깨닫지 못했다. 어쩌면 실수의 교훈을 아직도 충분히 깨닫지 못했는지 모른다. 그러나 이제는 다르푸르의 공포가 확산되지 못하도록 국제사회가 버티고 있다. 세계 지도자들 역시 버마의 군부독재를 좌시하지 않는다. 티베트의 운명에 대한 세계의 목소리도 거세다. 폭군이든 민주주의자이든 누구도 처벌을 면제받지 못한다. 독재자들도 부정선거의 수치를 무화과나무 잎으로라도 가려야 할 판이다.

　해마다 우리는 지구촌 주민으로서의 삶에 조금씩 다가가고 있다. 세계 어느 지역에서는 새로운 통치 방식을 시도해 성공을 거두지만 어떤 국가들은 비참하게 실패한다. 이들 국가의 지도자들은 인권을 지키기 위한 노력도 하지 않고 복지를 개선하려는 의지도 없다. 독재자들은 자신과 측근들의 권력을 지키는 데만 관심을 둔다. 그러나 양심의 목소리가 권력자들에게 책임을 묻는 한 실패와 실수는 끝을 의미하는 게 아니다. 실패한 사람의 시도가 온전히 완성될 때까지 평생이 걸리기도 한다. 우리 모두 목격하지 않았던가? 홀로코스트에서 얻은 교훈, 암 치료의 실패가 낳은 결실, 아파르트헤이트의 종식, 북아일랜드 사태를 끝낸 평화협정 등을 생각할 때 포르투갈의 격언이 정확하다는 생각이 든다. "하느님은 비뚤어진 선들 위에 직선을 그으신다."

예수 그리스도의 삶을 선으로 표현한다면 그 누구보다도 비뚤비뚤할 것이다. 인간의 기준에서 예수님의 사역은 실패였다. 어쩌면 그 실패가 그리스도교 신학의 핵심이다. 십자가는 피 흘림과 잔혹함으로 점철된 실패를 상징한다. 예수님은 놀라운 사랑과 긍휼을 보이셨다. 사랑을 위해 최선을 다하셨다. 그러나 모두가 예수님을 보며 감격했을까? 그렇지 않다. 그분의 사역은 인간의 기준으로 보면 완전히 실패였다. 예수님의 죽음을 묘사하는 구절에 온 땅에 어둠이 임했다고 기록되어 있다. 예수님은 십자가에서 하느님께 부르짖었다. "나의 하느님, 어찌하여 나를 버리셨나이까?" 깊은 절망에 빠진 사람이라면 누구나 외칠 수 있는 말이다. 예수님은 "제 영혼을 아버지 손에 맡깁니다"라는 믿음의 말을 마지막으로 남기셨다. 부활도 생각하지 못했고 "걱정 마라 아들아. 다 괜찮다"라는 음성도 듣지 못했다. 깊은 심연 속으로 그렇게 자신을 던졌다. 제자들에게도 버림받았다. 한 명은 배반했고 한 명은 세 번이나 부인했고 나머지는 도망쳤다. 대실패가 아닐 수 없다.

그러나 부활이 있었다. 그리스도교 교회들은 주 예수의 부활을 기억하며 부활절을 기쁨의 축제로 기념한다. 당시의 제자들은 부활하신 예수님을 맞이하는 기분이 남달랐을 것이다. 예수님의 생애와 죽음에 대한 기록을 보면 제자들은 예수님이 체포되었을 때 모두 도망치고 없었다. 예수님이 사역을 시작하실 때부터 함께했으며 무슨 일이 있어도 예수님을 따르겠다던 베드로는 예수님 예언대로 닭이 울기 전에 예수님을 세 번 부인했다. 예수님을 담대히 따르던 여인들도 그분의 십자가를 멀리서 지켜보았다. 예수님과 가장 가까웠던 친구들이 모두 그를 배반했다. 결정적인 순간에 모두 약속을 저버렸다. 그러므로 제자들에게는 부활하신 예수님이 마냥 좋지만은 않았을 것이다.

그들은 예수님의 죽음에 대한 슬픔과 예수님을 저버렸다는 죄책감을 계속 떠안고 살아야 했을 것이다. 인간의 삶에는 크고 작은 실수와 실패가 있다. 그런 실수와 잘못은 인생의 교훈을 가르쳐주기도 하고 아물지 않는 상처로 남기도 한다. 제자들은 배신인 줄 알면서도 배신했던 분을 다시 마주칠 거라 꿈에도 생각하지 못했다. 엄청난 실수를 저질렀다. 부활하신 예수님을 처음 만났을 때 얼마나 두려웠을까?

실수는 두 가지 결과를 낳는다. 성공을 위한 디딤돌, 혹은 절망으로 가는 문이 그것이다. 예수님을 배반하고 팔아버린 유다는 수치심과 죄책감에 스스로 목숨을 끊었다. 예수님을 알 뿐만 아니라 친한 친구요 제자였음에도 예수님을 세 번이나 부인했던 베드로는 다르게 반응했다. 실수한 이후 그는 급한 성미와 우월감이 사라졌다. 자신이 얼마나 연약한 존재인지 깨달은 것이다. 겸손해지자 하느님이 사용하시기에 좋은 그릇이 되었다. 예수님은 베드로를 반석이라고 하시며 그 위에 교회를 세우겠다고 하셨다.

베드로도 불안한 시간을 보냈을 것이다. 저지른 실수를 생각하니 부활하신 예수님을 뵐 면목이 없고 그냥 도망치고 싶었을 수도 있다. 우리는 실수하고 넘어지면 하느님을 피해 숨고 싶다. 그렇지만 하느님은 우리에게 등을 돌리지 않으신다. 우리를 버리는 분도 아니다. 실수는 우리의 시선을 다시금 하느님께 돌리는 기회가 된다. 우리는 하느님이 점수판에 잘한 일과 잘못한 일을 기록하신다고 생각한다. 우리 행동을 지켜보시다가 우리가 잘하면 점수판에 기록하여 상을 주시고 잘못을 저지르면 바로 벌을 내리실 거라 생각한다.

그러나 우리보다 앞선 시대를 살았던 기도의 사람들이 하느님에 대해 가졌던 생각은 다르다. 선지자 이사야는 다음과 같이 하느님의 말씀을 전하였다. "내 생각은 너희 생각과 같지 않다. 나의 길은 너희 길과 같지 않다." 노르위치의 줄리안은 "하느님 안에 비난이란 없다"고 했다. 하느님은 실수하는 우리를 보시며 안타까워하시지 비난하는 분이 아니다.

우리는 자신의 실망스럽고 부족한 면을 부끄러워한다. 실패가 우리 탓이 아닐 때는 다른 사람을 책망한다. 그러나 하느님의 방법은 우리와 다르다. 하느님은 생각 속에 영원을 품고 계시며 우리의 모든 약점과 연약함을 아신다. 실패는 하느님이 다른 생각을 갖고 계시다는 증거이기도 하다.

나는 어릴 때부터 하고 싶은 일이 있었다. 내 꿈은 의사였다. 의사가 되고 싶다는 깊은 열망이 있었다. 의과대학에 합격은 했지만 학비가 여의치 않아서 가르치는 일로 방향을 바꿨다. 교직 생활은 즐거웠다. 내 기질과도 잘 맞았다. 그러나 정부에서 남아공 흑인들을 차별하는 반투교육 제도를 실시하자 더 이상 교사를 할 수가 없었다. 양심이 허락하지 않았다. 그래서 나는 사제가 되기 위한 훈련을 시작했다. 내 본래 꿈은 의사였고 의사를 했어도 좋았을 것이다. 나는 의대에 진학하지 못한 일을 큰 실패라고 생각했다. 교직을 그만두면서도 실패라고 생각했다. 그러나 지금 와서 생각해보면 둘 다 실패가 아니었다. 각각의 기회가 막히면서 내게 전혀 다른 길로 가는 문이 열렸기 때문이다.

우리가 성공과 실패를 판단하는 기준은 하느님의 기준과 다르다. 사실 성공과 실패를 판단하는 것은 우리의 교만함을 보여주는 증거일 수도 있다. 우리는 우리의 삶이 어떻게 되어야 하는지를 안다고 생각한다. 하느님이 우리를 어떻게 사용하셔야 한다고 우리 나름대로 판단한다. 계획을 세워놓고 계획대로 되지 않으면 당황한다. 오프라 윈프리가 이런 말을 했다. "우리는 이미 닫힌 문을 절망의 눈으로 바라보느라 희망이 열어놓은 문을 미처 보지 못한다."

스스로 정한 성공과 실패의 기준을 잊어버리고 산다면 어떻게 될까? 모든 걸 다 아는 듯한 행동을 멈춘다면? 그러면 우리가 노력한 일의 결과가 어떠하든 모두 옳다고 믿게 될까? 모든 수고와 노력이 실패인 듯 보여도 그것이 올바른 결과라고 신뢰할 수 있을까?

내가 사제 훈련을 받던 시기에 만났던 한 주교의 삶도 어떻게 보면 실패였다. 그분은 아파르트헤이트를 종식시키고 남아프리카에 정의를 세우려고 평생을 힘써오다가 1980년에 영국에서 세상을 떠났다. 그로부터 얼마 안 된 1984년에 나는 노벨평화상을 받았고 1989년에는 아파르트헤이트를 종식시킨 F. W. 데 클레르크가 남아공 대통령으로 선출되었으며, 1990년에는 넬슨 만델라가 감옥에서 풀려났다. 세상을 떠날 당시 암브로스 리브스 주교는 남아프리카에서 강제 추방되어 돌아갈 수 없는 신분이었다. 자신이 수고한 노력의 열매를 직접 추수하지는 못했지만 그래도 그는 성실한 일꾼이었다.

1960년에 남아공에서 추방될 때 리브스 주교는 남아공 정부에게 눈엣가시 같은 존재였다. 리브스 주교는 요하네스버그의 영국성공회 주교로서 1949년에 처음 남아공에 왔다. 그리고 3년 후부터 아파르트헤이트 정부와의 마찰이 시작되었다.

영국성공회는 오랫동안 아프리카인들에게 양질의 교육을 제공해왔다. 그러나 정부는 교육이 아파르트헤이트 정권에 걸림돌이 될 수 있다고 생각했다. 인종차별제도의 핵심 중 하나로 반투교육 정책이 있었는데, 이 정책은 남아공 흑인들이 백인들과 동등한 교육을 받을 권리를 인정하지 않았다. 흑인들을 무조건 복종하는 노예로 만드는 것이 목적이었다. 리브스 주교는 이 정책에 대해 "국가를 지적 불구로 만드는 도구"라고 비난하면서 "어떤 대가를 치르더라도 정부와 모든 교인과 모든 아프리카인들에게 이 정책에 반대한다는 사실을 분명히 알려야 한다. …… 우리는 어떤 형태로도 절대 협조할 수 없다"고 강력히 반발했다.

요하네스버그 교구는 학교를 정부에 넘기라는 명령을 거부하고 모든 학교를 폐쇄했다. 불의에 맞서는 고독한 저항이었다. 인종차별적인 학교를 세우는 일에 협조를 거부한 곳은 요하네스버그 교구가 유일했다. 다른 교구와 교단들은 학교를 정부에 넘기고 통제권을 이양했다.

1956년에 리브스 주교는 또 다른 싸움을 시작했다. 12월 어느 날, 여러 인종이 포함된 155명이 체포되었고 반역죄와 사형죄가 내려졌다. 그들이 체포되던 날부터 리브스 주교는 소송기금을 마련하는 일에 앞장섰다. 검거된 사람들을 변호할 남아공의 의식 있는 변호사들을 고용하기 위해서였다. 충분한 보석금이 마련되었으나 재판은 5년 넘게 이어졌다. 판결이 나올 때쯤 리브스 주교는 이미 국외로 추방된 상태였다.

그는 샤프빌 대학살이 일어난 해에 추방되었다. 이 사태는 여러모로 남아공에 전환점이 되었다. 1960년 5월 21일, 유색인 신분증을 소지하라는 정부의 정책에 반대하면서 샤프빌 경찰서 앞에 모인 시위대에게 경찰은 무차별 총격을 가했다. 이로써 69명이 사망하고 200명이 넘게 부상을 입었다. 경찰은 공격에 대한 정당방위였다고 주장했으나 부상자 대부분이 등에 총상을 입었다. 도망치다가 총에 맞은 것이다. 사건이 벌어진 이후 리브스 주교는 학살의 진실을 밝히기 위해 고군분투했다. 영국에서 휴가를 보내는 동안에는 유럽 언론에 사건을 알리는 데 주력했다.

1960년 9월에 남아공으로 돌아온 그는 이틀 만에 보안경찰에게 검거되어 국외로 추방당했다.

리브스 주교가 했던 일 가운데 크게 성공했다고 볼 수 있는 일은 없다. 샤프빌 학살 직후 정부는 모든 반대 의견을 차단했다. 흑인들의 정치단체를 법으로 금지하고 흑인 정치지도자들을 체포했다. 경찰의 과잉진압으로 부상당한 피해자들은 아무 보상도 받지 못했다. 체포된 사람들에 대한 반역죄는 모두 무죄 판결이 났으나, 2년이 채 안 되어 리보니아 재판이 시작되었다. 리보니아 재판은 피고 대부분이 체포된 요하네스버그 교외 지역의 이름을 따서 붙여진 이름이다. 아프리카민족회의는 정부에 대항할 준비를 하면서 '움콘토 웨 시즈웨(민족의 창)'를 결성했다. 리보니아 재판으로 법정에 선 사람들은 사실상 민족의 창의 지도부였다. 대부분이 일급반역죄로 기소되었으며 넬슨 만델라, 고반 음베키 외 6명이 종신형을 선고받았다.

리브스 주교와 요하네스버그 교구의 반대에도 불구하고 학교 분리와 반투교육법은 계속 시행되었다. 그렇다면 암브로스 리브스 주교는 실패한 걸까? 그렇기도 하고 아니기도 하다. 그가 기대하면서 계획하고 추구했던 목표와 결과들을 달성하는 데는 실패했다. 그러나 그의 행동이 뿌린 씨앗들은 세월이 흘러서 큰 열매를 맺었다.

반투교육법은 남아프리카 전역에서 시위를 일으키는 도화선이 되었으며 억압 정부의 통제권도 조금씩 흔들리기 시작했다. 1950년대에 반역죄로 재판받은 사람들은 아파르트헤이트 종식을 위한 투쟁의 상징이 되었다. 비록 감옥에 갇힌 몸이지만 그들은 인종차별정책에 반대하는 세계인에게 깊은 감동을 주었다. 샤프빌의 학살이 세계 언론에 보도되면서 전 세계가 아파르트헤이트에 주목하기 시작했다. 남아프리카를 고립시키려는 움직임도 자유를 되찾는 데 큰 역할을 했다. 샤프빌의 혼란 이후 대대적인 반대 운동이 일어났다.

암브로스 리브스가 평생 했던 노력은 실패였으나 그의 실패는 남아프리카의 자유에 디딤돌이 되었다. 그가 수고했던 노력의 성과나 기대했던 변화는 그의 생전에 일어나지 않았다. 그는 선을 위해 싸웠다. 그리고 결국에는 선하고 정의로운 결과를 성취했다.

"누가 인정받을지를 생각하지 않으면 많은 것을 성취할 수 있다"라는 격언이 생각난다. 내가 모든 것을 알고 있다는 환상, 성공에 대한 집착을 버리고 순종의 삶을 살 때 많은 일을 달성할 수 있다.

사역자가 되어야만 순종의 삶을 사는 것은 아니다. 선을 택하면 언제나 결국에는 정의를 얻을 수 있다. 누구든 선을 택할 수 있다. 성공과 실패를 점수판에 적으면서 현 상태를 유지하려는 스트레스와 불안을 떨쳐버리는 것도 개인의 선택이다. 누구도 영원을 알 수 없고 끝이 어떻게 될지 모른다. 하지만 선을 택하면 언젠가는 올바른 결말을 맞이할 수 있다.

공로를 인정받는 것에 관심을 두지 않으면 우리는 어떻게 달라질까? 성공에 대한 집착에서 벗어나면 삶이 어떻게 달라질까? 선함을 택함으로써 정의를 얻을 수 있다는 사실을 신뢰한다면 우리는 평안을 누리게 될 것이다. 순종의 삶에 따라오는 자유를 상상해보라. 물론 순종의 삶에도 노력이 필요하다. 주의할 일이 많아지기도 한다. 그러나 순종의 삶을 살면 모든 노력이 헛수고가 아니라는 확신이 생긴다. 생전에 일어나지 않더라도 결국에는 선한 결과를 얻을 수 있다.

우리가 순종의 삶을 살든 스스로 세운 계획대로 앞장서 나가든 하느님의 사랑은 우리를 향한다. 하느님은 우리에게 손을 뻗고 있는데도 우리는 종종 그분을 외면한다. 이는 큰 죄이다. 다음 장에서는 우리가 우리 자신의 길을 가게 놔두시는 하느님의 의중을 살펴보겠다. 먼저 대학교 교목 시절 이야기로 시작하려고 한다.

잠시 침묵하면서 우리 마음에 말씀하시는 하느님의 음성에 귀를 기울여보자.

실패와 수치심이 눈을 가려서
나를 보지 못하고
고통과 괴로움에 비명을 지르느라
내 목소리도 듣지 못하는구나.
죄책감에 나를 피하는구나.
너는 내가 가버렸다고 생각하지만
나는 줄곧 여기 있단다.
네가 홀로 눈물 흘리던 바로 거기
네가 나를 거부했던 바로 거기에

내가 있단다.

"왜 저를 저버리셨나요?"

온 하늘을 뒤덮는 네 비명 소리도 들었단다.

아이야, 나는 여기 있단다.

네가 무엇을 하는지 알고 있으며

네가 바른 길에서 벗어나고

선한 일에서 등을 돌리는 모습을 보며

너를 위해 울었단다.

네가 저지르는 죄악도 보인단다.

내 손을 잡고 있는 너를 보렴.

너로 인해 상처입은 사람의 손도 붙잡고 있단다.

바로 지금 여기.

내가 너희 둘 사이에 서 있지만 아무도 나를 보지 못하는구나.

한 손에는 내가 사랑하는 아이

고통에 눈이 먼 내 아이의 손을 잡고 있단다.

다른 손에도 내가 사랑하는 아이

폭력과 수치심에 나를 피하는 아이의 손을 잡고 있단다.

내가 여기 있단다.

너희 뒤에

너희 사이에, 너희 안에, 너희 주변에

내가 있단다.

고통은 치유될 수 있고

선택은 만회할 수 있고

삶도 다시 축복받을 수 있단다.

사랑이 너를 집으로 인도할 거란다.

8장

하느님은
왜 죄를 짓게
하시는가

하느님, 그들의 이빨을 그 입 안에서 부수소서.
저들을 물이 흘러 없어지듯이,
풀이 밟혀 시들듯이,
유산하는 여인의 몸에서 핏덩이가 쏟아지듯이,
달팽이의 진액이 말라버리듯이,
착한 사람들이 악인의 피로 발을 씻고
그 보복당함을 보고 기뻐하게 하소서. (시편 58편)

나는 어깨를 들썩이며 흐느꼈다. 슬프고 처참했고, 분노하며 무너졌다. 토요일 아침, 나는 연방신학교 예배당에 있었다. 나는 이 신학교에서 강의하면서 그 옆의 포트헤어 대학교에서 교목으로 섬겼다. 작고 아담한 예배당은 부활공동체 수사들을 위해 지어진 공간이었다. 나는 이곳에서 정부 당국에 대한 불만을 하느님께 털어놓았다.

발단은 학생 시위였다. 워낙 항의해야 할 정책들이 많아 그날의 시위 목적이 무엇이었는지는 기억나지 않는다. 포트헤어 대학은 넬슨 만델라, 고반 음베키, 올리보 탐보(전 ANC 대표)를 비롯하여 사하라 이남 지역의 권위자들을 배출한 학교로 유명하다. 이 대학은 1916년에 설립된 아프리카 흑인을 위한 서양식 고등교육 기관이었다. 포트헤어 대학에도 인종분리가 있었으나 학문적 우수성은 타의 추종을 불허했다. 그러나 1959년 국민당 정권에 인계되면서 학교는 완전히 달라졌다. 흑인들은 열등한 교육을 받아 노예가 되어야 한다는 반투교육 사상이 학교의 운영방침이 되었다. 정부는 남아프리카공화국의 네덜란드계 백인인 아프리카너들에게 학교 행정을 맡겼다. 흑인 직원들은 차별과 부당한 대우를 견뎌야 했다. 훌륭히 일하던 직원을 밀어내고 경험 없는 어린 백인이 이력서를 채우고자 포트헤어에 왔다. 갓 대학을 졸업한 백인 직원들은 자신들의 교육이론을 흑인 학생들에게 시도했다. 학생들의 불만은 교정 내 낙서만 봐도 알 수 있었다. "포트헤어가 개들에게 갔는가? 개들이 포트헤어로 왔는가?"

과도한 행정으로 촉발된 낙서는 연좌농성으로 이어졌다. 학생들은 자신들의 요구가 관철될 때까지 움직이지 않겠다며 행정건

물 밖에 자리를 잡았다. 학교 당국은 시위대와의 협상을 거부하고 학생들에게 대표단을 구성하라고 했다. 학생들은 바보가 아니었다. 대표로 선출되면 주모자로 찍혀서 즉시 처벌받을 게 분명했다. 결과를 뻔히 알면서도 바니 피티야나라는 어린 법대생이 대변인으로 자원했다. 학생들은 뜻을 굽히지 않았다.

1968년 9월 6일 금요일, 학생 300명에게 정학처분 소식과 해산명령이 전해졌다. 그날 오후 경찰은 사나운 개들을 트럭에 태우고 현장에 도착했다. 경찰이 학생들을 공격했지만 아무도 움직이거나 도망치지 않았다. 모두 침착했다. 학생들은 일어서서 〈은코시 시켈렐 이아프리카(하느님, 아프리카를 축복하소서)〉라는 찬송을 불렀다. 이 곡은 이후 남아공의 국가에 포함되었다. 결국 학생들은 하나둘씩 짐을 챙겨서 학교를 떠났다.

나는 또 다른 교목인 사이먼과 빵을 사기 위해 시내로 달려갔다. 달리 도와줄 방법이 없는 우리는 고향으로 돌아가는 학생들에게 요깃거리라도 주려고 빵을 사서 기차를 쫓아갔다. 또다시 악이 승리한 것처럼 보였다. 나는 예배당에서 흐느꼈다. 아니 통곡했다. 아파르트헤이트의 하수인들 때문에 화가 나서 울었고 온 하늘을 깨우고 싶어서 목 놓아 울었다.

물론 위의 상황은 남아프리카 역사 속에서 일어난 특별한 상황이다. 그러나 내가 기도로 쏟아냈던 분노와 고통은 사람들이 보편적으로 겪는 경험이다. 학교에서 왕따당하는 자녀를 보는 부모의 심정, 도둑이 든 집을 바라보는 집주인의 심정, 폭력과 불의 앞에서 무력하게 서 있을 수밖에 없는 모든 사람이 느끼는 심정이다. 내가 기도하며 내뱉은 분노의 말도 다른 사람들과 비슷할 것이다. 많은 사람들이 오싹한 내용이 가득한 〈시편〉을 읊으며 기도할 수밖에 없는 상황에 처한다. 분노의 하느님을 외치며 우리 대신 복수해주시기를 간구한다.

〈시편〉은 이럴 때 아주 유용하다. 분노가 지극히 자연스러운 감정일 뿐만 아니라 기도의 내용이 될 수 있음을 보여주기 때문이다. 〈시편〉의 작가는 추한 감정까지도 편집 없이 그대로 두었다. 대신에 잔혹한 내용 다음에는 서정적인 내용을 수록했다. 〈시편〉의 좋은 점 가운데 하나는 살인 충동까지도 〈시편〉을 읽으며 기도로 토로하고 그러다 보면 그 충동이 사라진다는 점이다. 〈시편〉에서 작용적 신학(operational theology), 즉 하느님에 대한 믿음을 행동으로 보이는 신앙을 볼 수 있다.

〈시편〉이나 우리의 기도에서 알 수 있는 점은 작용적 신학의 하느님이 실제 하느님에 훨씬 못 미친다는 사실이다. 작용적 신학에서는 인간이 만든 신을 이야기한다. 우리가 기도하며 외치는 하느님은 인간의 크기에 맞는 신에 불과하다. 우리는 우리 대신 원수를 갚아주고 친구들을 즐겁게 해주며 편견을 정당화해주는 몸종처럼 하느님을 대한다. 하느님을 고집 센 십대 아이로 대하기도 한다. 물론 우리만 그렇게 행동하는 건 아니다. 〈시편〉을 비롯한 성서 곳곳에서 원수를 혼내시고 불신자들을 벌하시고 죄인들에게 마땅한 대가를 주시는 신으로 하느님을 묘사한다. 우리에게 위로가 되는 하느님의 모습이다.

보복하시는 하느님은 우리가 생각하는 선과 일치한다. 죄와 죄인들의 존재를 용납하지 않고 악에 저항하는 것이 우리가 생각하는 선이다. 물론 맞는 일이다. 악은 선을 대적한다. 그렇기 때문에 선하신 하느님이 죄인의 편에 있다는 사실은 이해하기가 어렵다. 성서가 말하는 사실을 보자. 하느님은 우리 편에 계신다. 벌을 받아야 마땅한데도 우리를 벌할 이유를 찾지 않으신다. 오히려 실수의 감옥에서 우리를 구원할 방법을 찾느라 바쁘시다. 하느님은 검사가 아니라 변호사이며 죄를 저지른 자녀를 여전히 사랑하는 어머니에 가깝다. 죄인을 향한 하느님의 사랑을 우리로서는 받아들이기 어렵다. 하느님은 우리가 선하기 때문에 사랑하시는 게 아니라는 확신이 없기 때문이다. 하느님이 우리를 사랑하시는 데는 다른 이유가 필요 없다. 우리를 사랑하니까 사랑하실 뿐이다.

하느님의 무조건적인 과분한 사랑을 새삼 깨닫게 된 사건이 얼마 전에 있었다. 피정 중에 모린 수녀가 나에게 〈루가의 복음서〉 15장을 읽기를 권했다. 앞서 소개했던 '탕자의 비유'가 담긴 말씀이다. 지금까지 셀 수 없이 읽었는데도 15장 첫머리를 읽다가 깜짝 놀랐다. 저자는 종교 지도자들이 예수님을 못마땅해했다고 한다. 예수님이 죄인들을 환영했기 때문이다. 예수님은 죄인들을 환영하셨다. 여기서 하느님의 어떤 모습을 알 수 있는가? 하느님은 우리를 벌하실 기회만 기다리는 분이 아니다. 오히려 그 반대다. 우리가 잘못에 빠져 있을 때도 우리에게 손을 뻗으신다. 하느님이 먼저 손을 내미신다. 모든 일에서 그렇다. 하느님은 우리를 택하셨다. 세상이 창조되기 전에, 우리가 존재하기 전에 하느님은 이미 우리를 택하셨다. 하느님은 "너는 내 것이다"라고 말씀하신다. "네가 자격을 갖출 때까지 잠시 사랑을 보류하겠다"고 말씀하시는 법이 결코 없다.

우리는 이렇게 생각할 때가 많다. '하느님이 나에게 화내시지 않도록, 하느님께 인정받을 수 있도록 나는 선해져야 한다.' 잘못된 생각이다. 하느님은 우리를 품에 안고자 하신다. 우리는 무언가 알아차려야 할 점이 있다고 생각한다. 우리가 모르는 무언가가 있기는 하다. 그것은 우리가 상상할 수 없을 만큼 좋은 일이다. 우리의 삶에서 절대로 일어날 가능성이 없어 보이는 일이기 때문이다. 인간관계에서는 누군가를 이용할 기회가 생기면 당연히 이용한다. 사람들은 기회만 생기면 언제든지 우리를 궁지로 몰아넣고 곤란한 상황을 만들어버리며 어떻게든 무너뜨리려 한다. 우리는 하느님도 그러실 거라 생각한다.

얼마 전에 솔로몬 제도의 한 감옥을 방문했다. 나는 수감자들에게 이렇게 말했다. "하느님은 여러분을 사랑하십니다. 알고 계십니까? 여러분은 하느님이 보시기에 가장 소중한 존재입니다. 하느님께 여러분보다 아름다운 존재는 없습니다." 수감자들은 아마 평생 그런 말을 처음 들어보았을 거라고 동행한 사람이 말했다. 하지만 하느님의 사랑은 우리뿐 아니라 수감자들에게도 동일하게 적용되는 사실이다.

　하느님의 무조건적인 사랑에 사로잡히면 그 감격에서 벗어나기가 어렵다. 나 역시 그랬다. 그 사랑은 나를 감격시켰고 놀라게 했다. 죄인을 향한 하느님의 사랑을 제대로 이해하기는 어렵다. '잃어버린 양의 비유'는 '탕자의 비유'보다 죄인을 향한 하느님의 사랑을 더욱 분명히 보여준다. 하느님은 끝까지 기다리신다. 아주 작은 회개의 조짐이 보일 때까지, 하느님을 향해 아주 조금이라도 방향을 틀 때까지 기다리신다. '탕자의 비유'에서 하느님은 우리의 자율권을 존중하신다. 하지만 '잃어버린 양의 비유'는 다르다. 여기서의 하느님은 양을 찾아 나서신다. 양이 돌아오리라는 보장도 없다. 양은 자기 마음대로 가버렸다. 선한 목자는 아흔아홉 마리의 말 잘 듣는 양들을 놔두고 잃어버린 양 한 마리를 찾으러 간다. 하느님은 방황하는 자녀를 찾아 나서는 분이며 성도들을 놔두고 죄인을 찾으러 가신다.

　우리로서는 도저히 상상하거나 이해할 수 없는 사랑이다. 죄인을 찾으시는 하느님은 옳고 그름에 대한 우리의 사고와 맞지 않는다. 순종적인 양을 내버려두고 제멋대로인 양을 찾으러 가신다면 옳고 그름이 중요하지 않은 듯 보인다. 옳은 일을 해봐야 소용도 없고 나쁜 일을 해도 괜찮은가 싶기도 하다. 그러나 옳고 그름은 분명 중요하다.

옳은 일을 하면 사랑하는 사람을 즐겁게 하고 그로 인해 기쁨을 얻는다. 받은 사랑에 감사하고 보답하는 것이다. 그러나 잘못된 일을 한 대가는 죄인 자신과 하느님이 함께 치른다. 죄인이 치러야 할 대가는 분리이다. 죄는 죄인과 하느님 사이의 간격을 멀어지게 만든다. 하느님은 이 거리를 극도로 싫어하신다. 하느님은 우리의 죄만 보시는 게 아니라 우리의 잘못된 행위 때문에 숨겨지고 왜곡되고 희미해진 선함을 바라보신다. 죄 안에 감춰진 우리 안의 선한 양심을 아신다.

노르위치의 줄리안은 우리 안에 '하느님의 뜻'이 존재한다고 했다. 이 하느님의 뜻은 죄를 지을 수 없고 결코 죄를 짓지 않는다. 하느님은 죄로 인해 벌어진 간격을 메우고 싶어 하신다. 죄인을 찾는 일에는 많은 희생이 따르고 상실의 위험이 언제나 존재한다. 목자가 양 한 마리를 찾는 동안 다른 아흔아홉 마리가 도망갈지도 모른다. 하느님이 죄인을 찾으시는 동안 선한 사람이 나쁜 길로 빠질 수도 있다. 죄인의 몸값을 치르기 위해 아들이 목숨을 잃기도 한다. 선에 담긴 특별한 개념이다. 하느님은 악을 구하기 위해 선을 희생하신다. 죄인을 향한 하느님의 사랑은 대가가 필요한 위험한 사랑이다.

죄인을 찾으시는 일이 위험한 도박 같지만 무모한 도전은 아니다. 하느님은 실패가 자명한 도박에 전부를 거는 분이 아니다. 초대 그리스도교 신학자 오리게네스라면 "모든 가능성이 하느님의 은혜에 달렸다"고 말할 것이다. 흐르는 시간도 하느님의 편이다. 오리게네스는 하느님의 사랑은 도저히 거부할 수 없는 사랑이므로 결국 천국이 우리 모두를 이길 것이라고 보았다. 그리고 종말이 되면 사탄마저도 지옥을 포기하고 하느님을 경배할 것이라고 주장하여 당시 사람들에게 충격을 주었다.

원수들이 영원히 지옥 불에 있지 않을 수도 있다. 천국은 지옥의 존재를 용납할 수 없을 테고 우리의 원수들도 하느님이 사랑하시는 자녀이기 때문이다. 하느님이 자신의 자녀가 영원한 고통 속에서 비명을 지르는 모습을 바라만 보시겠는가? 선하신 하느님을 믿는다면 우리 모두가 천국에서 살도록 만들어졌음을 믿어야 한다. 우리는 선하게 창조되었다.

다만 우리는 지옥을 두려워해서가 아니라, 하느님의 사랑에 이끌려서 천국에 간다. 악의 세력은 더 이상 우리의 관심을 끌지 못하며 우리는 천국의 아름다움에 굴복한다. 하느님의 희생은 현실에서는 값비싼 대가를 치르지만 영원의 차원에서 보면 큰 가치가 있다. 현실은 위험하지만 영원의 차원에서는 결과가 보장되어 있다. 시간의 끝이 왔을 때 우리는 하느님께 굴복해야 한다. 하느님은 우리를 예정된 곳으로 인도하시려고 모든 걸 기꺼이 희생하신다.

  하느님은 한결같이 우리를 부르고 계신다. 선지자들, 사도들, 순교자들, 전도자들의 입을 통해 우리를 선한 방향으로 인도하시며 우리의 양심에 나지막이 속삭이신다.

  "그렇게 심하게 화를 내야 했니?"

  "그게 꼭 필요한 말이었을까?"

  "그렇게 비판적일 필요가 있을까?"

  "웃는 게 좋지 않을까?"

  "가서 미안하다고 사과해라. 그게 나을 거야."

  "용서하지 않겠니?"

  아짐 카미사에게는 마지막 질문이 해당되지 않았을까 싶다. 그는 이슬람 신앙에 따라 자신의 하나뿐인 아들을 묻었다. 1995년 어느 비 오는 날 그는 질퍽한 구덩이로 내려가서 수의를 입은 아들의 시신을 붙잡고 한동안 아들의 죽음에 목 놓아 울었다. "나 혼자 무덤에서 올라가고 싶지 않아." 그러나 이미 죽은 아들을 되살릴 수는 없었다.

  캘리포니아 구치소에서 한 십대 소년이 재판을 기다리고 있었다. 열네 살의 토니 힉스는 타리크 카미사를 살해한 장본인이었다. 토니의 어머니는 열다섯 살에 그를 낳았다. 그의 어린 시절은 폭력과 상실로 가득했다. 친하게 지냈던 사촌은 토니가 아홉 살 때 총에 맞아 죽었다. 토니는 검시관들이 사촌의 시체를 들고 가는 모습을 지켜보았다. 열 살 때부터 할아버지 집에서 살게 되었다. 어머니의 부재는 그에게 슬픔과 분노를 일으켰다. 할아버지의 사랑과 보호로는 충분하지 않았다. 열네 살이 되면서 거친 아이들과 어울리기 시작했다. 술과 마약과 총이 놀잇거리였다. 1995년 1월 21일, 당시 스물한 살이던 타리크는 토니가 살던 집으로 피자 배달을 했다. 돈을 안 주면 피자를 줄 수 없다고 타리크가 거부하자 술과 마약에 취한 토니는 그에게 총을 겨눴다.

용서에 무엇이 필요할까? 아짐에게 물어보기 바란다. 그는 토니를 용서하고 죽은 아들을 기념하기 위해 타리크 카미사 재단을 설립했다. 현재 아짐 카미사는 토니의 할아버지인 플레스 펠릭스와 전국을 다니며 자신들의 이야기로 용서의 힘을 전하고 청소년들에게 비폭력의 힘을 가르치고 있다.

아짐은 토니가 결코 느껴보지 못한 아버지의 사랑을 보여주었다. 자기 아들을 죽인 살해범이 감옥에서 빨리 풀려나도록 온갖 노력을 다했다. 토니가 마치 자기 아들인 양 그가 자유를 얻도록 고군분투했다.

아짐 카미사는 하느님의 마음이 어떠할지를 우리에게 가르쳐 준다. 죄를 범하지만 어떤 죄에도 결코 물들지 않는 선함이 우리 안에 있다. 그렇기 때문에 선한 목자도 잃어버린 양을 찾아서 길을 나선 것이다. 탕자의 아버지가 저 멀리서 오고 있는 아들을 보자마자 달려 나간 것도 같은 이유이다. 다음 장에서는 우리가 선에서 멀어졌을 때 어떻게 해야 집으로 돌아올 수 있는지를 살펴보고자 한다. 우리 아버지와 나에 대한 이야기로 시작해볼 생각이다.

잠시 침묵하면서 우리 마음에 말씀하시는 하느님의 음성에 귀를 기울여보자.

༄

왜 그렇게 계속 달려만 가니?
왜 그렇게 계속 숨기만 하니?
네가 저지른 일을 내가 용서하지 않을 거라 생각하는구나.
네가 한 말을 내가 듣지도 않고 등을 돌릴 거라 생각하는구나.
너는 길을 잃었다고 생각하는구나.
하지만 나는 너를 결코 놓지 않았단다.
어떻게 그러겠니?
네가 어디로 가든 나도 가고
어디에 있든 나도 함께 있단다.
네가 저지른 일을 되돌릴 수 있느냐고?
아니, 그럴 수 없단다.
고통을 모른 체할 수 없고
살아온 삶이 없던 것이 될 수 없고
시간을 되돌릴 수도 없단다.

네 선택을 되돌릴 수는 없어.
하지만 고통은 치유될 수 있고
선택은 만회할 수 있고
삶도 다시 축복받을 수 있단다.
사랑이 너를 집으로 인도할 거란다.

저기 겸손의 길이 보이니?

슬픔을 고백하는 길과

"미안해"라는 사과의 길도 있구나.

그 길을 따라가면 에덴에 갈 수 있지.

9장

선으로 돌아가는 길

정말 긴 하루였다. 아버지와 진지한 대화를 나눌 기분이 아니었다. 스와질란드에서 돌아오는 길이라 몇 킬로미터만 더 가면 있는 처가에 가서 얼른 침대에 눕고 싶었다. 앨리스에서 스와질란드까지 다녀오는 일은 우리 가족이 석 달마다 하는 일이었다. 영국에서 지내는 동안 아이들은 통합형 학교에 다녔고 모두가 축복된 시간을 보냈다. 이후 남아공으로 돌아온 우리를 기다린 것은 반투교육이었다. 우리 아이들을 인종차별 교육 아래 둘 수는 없었다. 그래서 세 아이들을 스와질란드 인근의 기숙학교에 보냈다.

앨리스에서 스와질란드까지 운전하고 나면 힘이 쭉 빠졌다. 찌는 듯한 카루 고원의 더위를 피하기 위해 보통 새벽 네 시에 앨리스에서 출발했다. 남아프리카의 호텔은 흑인을 받아주지 않았기 때문에 앨리스에서 요하네스버그 인근의 부모님 집으로 거의 열다섯 시간을 운전해서 간 뒤에 하룻밤을 보내고 다음 날 스와질란드에 있는 아이들 학교까지 왕복 열 시간을 운전했다. 그리고 요하네스버그에서 하룻밤을 더 보낸 다음 집으로 향했다.

그날은 스와질란드까지 갔다가 돌아오는 길이었다. 당시만 해도 휴대폰이 없고 전화도 드물었다. 흑인 거주지에는 더더욱 없었다. 부모님 집이나 이웃집에도 전화가 없었다. 장거리 여행을 하는 우리 가족에 대한 부모님의 걱정을 덜어드리기 위해 잠시 부모님 집에 들렀다.

"피곤하고 머리도 아픈데 내일 얘기하면 안 될까요?" 아버지에게 이렇게 말하고는 아내와 음포를 차에 태우고 몇 킬로미터 떨어진 처가에 가기 위해 카기소로 차를 몰았다.

다음 날 아침 조카 실비아가 새벽부터 우리를 깨웠다. 우리 부모님 집에 살고 있는 실비아는 중요한 소식을 전하기 위해 부모님 집 문시에빌에서 온 것이다. 다름 아니라 아버지가 돌아가셨다는 비보였다.

충격이었다. 아버지에 대한 상처도 많고 감정도 복잡했지만 나는 아버지를 사랑했다. 아버지에게 이야기를 듣는 것도 좋았고 아버지의 지혜도 존경했다. 아버지는 현명하고 사랑도 많으며 재치가 넘쳤다. 아버지에 대한 추억이 많았다. 그런데 그런 아버지를 실망시켰다는 죄책감이 들었다. 아버지와 대화를 나눌 수 있었는데 그러지 않았다. 아버지와 이야기를 나누는 데 몇 분이면 되지 않았겠는가? 길어야 한 시간? 아버지가 하려던 말이 무엇이었을까? 아버지가 걱정을 품고 세상을 떠나시게 하다니. 결국 아버지의 말씀을 듣지 못했고 아버지와 다시는 이야기할 수 없게 되었다. 그런 나 자신을 용납할 수가 없었다.

우리는 사랑하는 사람에게 시간을 내지 않는다. 회의 때문에 배우자와의 통화를 서둘러 끊고, 업무를 끝내기 위해 아이들에게 동화책 읽어주는 시간을 줄인다. 피곤하다는 이유로 친구들과 보내는 시간을 다음으로 미룬다. 그것은 죄를 짓는 것도 아니고 충분히 이해할 수 있는 일이다. 그러나 이번에는 달랐다. 가슴이 아팠다. 제때 찾아가지 못했던 토코자의 부인이 새삼 떠올랐다. 같은 실수를 두 번이나 저지른 것이다.

언젠가 음포가 나에게 스스로를 용서했느냐고 물었다. 나는 잘 모르겠다고 대답했다. 하느님이 나를 용서하셨다는 건 알고 있다. 하지만 나는 잘 모르겠다. 나 자신을 용서한다면 저지른 죄를 너무 쉽게 정리하는 게 아닐까? 내 잘못이 얼마나 무거운지를 모르는 게 아닐까? 하느님께도 마음이 불편했다. '하느님이 나를 어떻게 용서하시겠어? 이런 일들이 얼마나 심각한지 하느님도 잘 모르셔.' 이런 심정이었다.

용서를 모르는 교만한 내 마음은 '내가 하느님보다 더 잘 안다'고 속삭였다. 내 생각이 어떠한지를 알고 나니 예수님을 비방하던 종교 지도자들과 교사들이 떠올랐다. '탕자의 비유'가 담긴 〈루가의 복음서〉에 나오는 비판하는 무리들처럼 예수님이 죄인을 영접한다는 사실에 나 역시 놀라고 화가 났다. 특히 그 죄인이 나여서 놀랐다.

  그리스도교 용어에서 죄란 하느님과 분리되는 것을 말한다. 죄를 짓는다는 말은 집에서 도망친다는 뜻도 있다. 선은 우리의 집이다. 앞에서 말했던 거룩한 온전함과 마찬가지로 죄책감을 느끼면서 생각하는 선한 행동이 바로 우리의 진실한 마음이자 집인 선을 닮았다. 먹고 싶은 럼레이즌 아이스크림을 포기하고 그토록 싫어하는 샐러드를 택할 때 나는 선한 행동을 했다고 자찬한다(나는 토끼처럼 풀만 먹는 걸 싫어한다!). 선한 행동이 훌륭한 맛까지 보장하지는 않는다. 어떻게 보면 선한 행동은 삶에서 기쁨을 빼앗아 가는 것 같다.

  우리의 진정한 집인 선은 검지를 치켜들고 안 된다고 하거나 비난하듯이 '강요'하지 않는다. 전에는 부끄러움 때문에 선한 행동을 하려고 노력했지만, 이제는 나 자신과 화해하고 스스로를 인정하며 온전함을 추구한다. 지금도 아버지가 돌아가신 날을 생각하면 심장이 두근거린다. 당시 아버지는 연로하셨다. 내가 우분투를 기억하고 조금만 더 생각했다면 얼마나 좋았을까? 아버지는 아들에게 이야기를 들어달라고 자신을 낮췄다. 나에게 먼저 손을 내밀었다. 그런데도 나는 시간을 내어 아버지 말을 듣지 않았다. 말을 들었다면 아버지와의 관계가 더욱 돈독해지지 않았을까?

삶에서 부모와의 갈등은 불가피하다. 어린 자식의 눈에 부모님은 무조건 하지 말라고만 하는 것처럼 보인다. 사춘기가 되면 부모님의 구속과 자유를 향한 욕망이 계속 부딪친다. 어른이 되고 나면 우리가 내리는 선택과 부모님의 의견이 맞지 않고 서로 생각이 다른 경우가 잦아진다. 오랫동안 서로에게 준 분노와 상처도 해결되지 않은 채 남는다. 부모와 갈등할 때 우리의 삶이라는 천은 제대로 엮이지 못한다. 부모를 받아들이고 긍휼의 마음으로 대할 때 훨씬 삶이 조화로워진다.

틱낫한 스님은 부모님이 살아계시든 돌아가셨든 부모님과 아직 해결하지 못하고 용서하지 못한 갈등이 있는 사람들에게 좋은 조언을 남겼다. 부모님을 다섯 살짜리 아이로 생각해보라는 것이다. 머릿속으로 최대한 상상해보기 바란다. 부모님의 어린 시절에 대해서 알고 있는 모든 사실을 떠올린다. 부모님의 기쁨, 공포, 슬픔을 떠올린다. 부모님의 다섯 살 시절을 떠올리면서 긍휼의 마음으로 바라보라. 현재의 부모님 속에 그 다섯 살 어린이가 숨어 있다. 어른이 되었어도 내면에는 기쁨과 걱정과 상처를 가진 어린아이가 있는 것이다. 그 아이에게 마음을 열고 부드럽게 다가가면 부모님을 향한 우리의 마음도 부드러워진다. 부모님의 추억을 긍휼의 마음으로 바라볼 수 있다. 부모님의 선함을 발견하고 그들의 잘못을 용서한다면 마찬가지로 자기 자신의 선함을 발견하고 자신이 저지른 실수를 용서할 수 있다.

자신의 내면을 들여다보고 선함이라는 집으로 돌아가는 일을 꾸준히 계속할 필요가 있다. 우리는 매일 크고 작은 실수를 저지르며 우리가 알고 있는 선에서 멀어진다. 이렇게 우리를 최선의 자아에서 멀어지게 하는 것은 바로 습관이다. 우리는 생각의 습관에 빠진다. 자신의 행동 방식 때문에 넘어지고 실수를 반복한다. 새로운 것이 우리를 유혹하는 게 아니다. 우리는 우리의 악한 행위를 충분히 예상할 수 있다. 같은 돌에 끊임없이 걸려 넘어진다. 교만은 실수를 처리하는 법을 자신이 알고 있다고 속삭인다. 그러나 우리는 같은 실수를 되풀이한다. 돼지우리에 있던 탕자처럼 시간이 흐른 뒤에야 정신을 차리고 자신이 무슨 일을 저질렀는지, 현재의 모습이 어떤지를 깨닫는다. 우리는 집에 돌아가기로 결심한다.

히브리어로 '돌아가다'라는 뜻의 트슈바(T'shuva)는 '선으로 돌아가다'라는 의미를 담고 있다. 우리의 자아, 거룩함, 온전함으로 돌아가는 것이다. 돌아가는 여정은 평생이 걸릴 수도 있다. 우리는 그동안 집과 선과 하느님으로부터 멀리 떨어져 방황해 왔다. 하느님이 의도하셨던 사람이 되려면 할 일이 많다. 집으로 돌아가는 첫걸음은 자각으로부터 시작된다. 그리고 다음 단계는 방향 전환이다. 선으로 돌아가려면 가던 길에서 방향을 돌려야 한다.

그리스도교 신학자들은 이 방향 전환을 회개 또는 그리스어로 '메타노이아'라고 부른다. 메타노이아 또는 회개란 문자 그대로 '재고(rethinking)'를 의미한다. 우리에게 말이나 행동을 다시 생각하게 만드는 일들은 많다. 우리가 한 말이나 어조에 대한 상대방의 반응이 우리의 양심을 건드린다. 음포는 아이들이 엄마를 화나게 하려고 작정이라도 한 것처럼 보이는 경우를 여러 번 경험했다. 손자들이 일부러 못되게 행동하지는 않았을 거라 생각하지만, 나는 딸을 위로하느라 맞장구를 쳐주기도 했다.

아내와 내가 음포 때문에 끓어오르는 화를 참아야 했던 때가 엊그제 같은데 그 일을 이제 우리 딸이 경험하고 있다. 음포가 어렸을 때 말이 하도 많아서 더 이상 참기 힘든 수준까지 이르렀던 기억이 난다. "음포야, 조용히 좀 해. 말이 너무 많구나." 내가 짜증 섞인 목소리로 내뱉었다. 그러자 네 살짜리 딸아이도 물러서지 않았다. "아빠도 말이 너무 많아요. 교회에서 혼자만 일어나서 계속 말하잖아요." 아이의 뜻밖의 말에 우리 모두 한바탕 웃었다.

아이들이 늘 말을 잘 듣는 건 아니라서 화를 억눌러야 할 때가 종종 생긴다. 화를 내고 싶지만 그러지 않으려고 자제하기도 한다. 그렇다고 아이들을 훈계하지 않는다는 말은 아니다. 다만 우리는 먼저 자문해본다. 부모로서 마땅히 해야 하는 사랑의 훈육인가? 단지 아이를 혼내려는 의도만 있지는 않은가? 고통스럽게 해서 벌주고 싶었던 건 아닐까?

때로는 화를 참지 못하고 날카롭게 책망한다. 화난 부모 앞에 힘이 쭉 빠진 아이가 보인다. 우리가 한 말이 사실일지라도 말하는 방식이 적절하지 않았던 것이다. 우리는 내뱉은 말과 말하는 방식을 생각해본 다음 지금까지의 방법을 버리고 새로운 방향으로 전환한다. 방향을 재조정하는 것이다. 매우 쉽지만 사실 어렵기도 하다.

방향을 바꾸고 돌아가는 일은 해를 입힌 사람이나 해를 입은 사람 모두에게 어렵다. 선으로 돌아가서 온전함을 회복하는 일 역시 두 사람 모두에게 필요하다. 내가 상처를 준 입장일 때는 행동을 멈추고 회개한 뒤에 돌아가기란 쉽지 않다. 상처가 남아 있는 깨어진 관계의 조각들을 모두 모아서 관계를 회복하는 일을 해야 한다. 내가 상처입은 당사자일 때는 상처에서 나 자신을 추슬러야 한다. 상처를 주었든 상처를 받았든 온전히 회복하는 데는 시간이 필요하다.

가해자와 피해자가 분명치 않을 때도 있다. 부부싸움을 하다 보면 서로에게 상처 주는 말이 나온다. 누가 상처를 받았는가? 누구의 잘못인가? 둘 다이다. 서로 상처를 주고받는다. 그러므로 각자만이 아니라 둘이서 함께 깨어진 관계를 온전히 회복해야 한다. 둘이 함께 선으로 돌아가야 한다.

극심한 상처를 받은 사람의 상처는 해리 현상(고통스러운 경험을 피하기 위해 정신적 충격을 기억과 감정에서 분리하는 무의식적 현상-옮긴이)으로 나타나기도 한다. 정신과 전문의들은 해리 현상을 정신질환으로 보고, 목회자들은 이를 영적 결핍으로 본다. 진실화해위원회에서 증언한 어느 여성은 남아공 보안경찰에게 끔찍한 고문을 받은 뒤에 자신이 "몸은 세상에 있으나 정신과 혼은 세상에 없는 것 같았다"라고 말했다.

또 다른 여성 졸라는 이렇게 말했다. "그들은 나를 고문했지만 그건 내가 아니었어요. 나는 나 자신을 감옥 구석에 안전하게 두었습니다. 하지만 감옥에서 나올 때 그녀를 데리고 나오지 못했어요. 그녀를 되찾기 위해서 진실화해위원회에 나왔습니다. 나 자신을 되찾고 싶습니다." 극심한 정신적 충격을 받은 두 여성 모두 깨어진 조각들을 추스르고 모으며 치유해야 했다.

이처럼 극심한 정신적 충격은 드문 일이다. 그러나 내면의 선함을 망각하거나 포기하면 우리에게도 이러한 분리가 일어난다. 그로 인해 온전함에서 멀어진다. 우리의 필수적인 부분이 침묵을 강요받고 부인되고 거부당하는 것이다. 괴로운 상황이 끝나도 그 상태는 변하지 않는다. 고문을 당하든 직장에서 논쟁을 벌이든 우리는 상처와 고통을 받는다. 다만 그 상처와 고통의 정도만이 다를 뿐이다. 관계를 회복하려면 잘못을 인정하고 그로 인한 결과를 대면한 뒤에 용서를 구해야 한다.

지난 50년의 결혼 생활을 돌이켜보면 나도 많이 변화하고 성장했다. 물론 인정하고 싶지 않지만 여전히 잘못을 한다. 그러나 내가 잘못했다는 점을 인정하기란 여전히 쉽지 않다. 용서를 구하는 일도 결코 쉽지 않다. 하지만 그동안 우리 부부의 사랑은 성숙했고 내 성품도 많이 변했다. 그래서 이제는 크고 작은 상처들을 몇 시간 또는 며칠씩 품지 않는다. 깨닫는 시간도 훨씬 빨라졌으며 사과하고 회복하는 시간도 전보다 빨라졌다. 이는 누구에게나 가능한 일이다. 말과 행동을 조심하고 좀 더 노력하면 된다. 긍휼의 마음을 갖기 위해 노력하고 자신의 진짜 집인 선으로 빠르게 돌아가기로 결심하는 것이 필요하다.

현실을 분명히 직시하면 훨씬 빨리 선으로 돌아갈 수 있다. 현실에 대한 분명한 자각은 과거와의 화해에 바탕을 둔다. 자신의 고통을 인식하면서 화해가 시작된다. 고통을 말로 표현하다 보면 행동과 경험의 기억들이 쌓인다. 경험을 이야기하면서 치유가 일어나고 온전함, 선함, 본연의 자아로 돌아가게 된다.

진실화해위원회 청문회에 참석한 고문 피해자들이나 가족의 죽음을 목격한 생존자들은 이야기를 통해 치유를 경험했다. 참았던 이야기를 하는 것은 치유의 기회이자 고문의 공포에서 상실된 자아를 회복하는 기회가 되었다. 가족의 죽음을 목격한 사람들에게 청문회는 고통이 끝나는 계기였다. 그들 중 상당수가 사랑하는 가족이 어떻게, 왜 죽었는지 처음으로 알았다.

놀라운 사실은 가해자들 상당수가 증인석에서 치유의 과정을 시작했다는 것이다. 그들은 악몽을 꾸면서 보았던 자신들의 행위를 고백했다. "정말 안 좋은 꿈을 꾸었습니다. 꿈에서 시체들과 잘린 팔도 보았어요. 계속 같은 꿈을 꿉니다. 나는 땅 위로 솟아오른 팔을 보이지 않게 감추고 있고, 그런 내 주위에 사람들이 서 있었어요. 모두 내가 죽인 사람들입니다. 땅속에 얼마나 있었는지는 모르겠습니다. 아마도 몇 주 되었을 겁니다. 저 물체가 땅에서 밖으로 나오자 죄책감과 공포에 괴로웠습니다. 한번은 꿈에서 내가 쏜 사람을 만났습니다." 대게릴라전을 이끌었던 장교 존 디건은 자신이 저지른 행위를 말하면서 악몽에서 깨어나는 기분이라고 했다. "지금까지로 충분합니다!" 치유의 여정이 시작된 것이다.

이야기를 함으로써 치유를 시작하는 일은 끔찍한 범죄를 저지른 가해자들에게만이 아니라 모든 사람에게 필요한 과정이다. 운이 좋다면 잘 들어주는 사람을 만날 수 있다. 그들은 우리 말을 들어줌으로써 치유를 가능하게 한다. 내 아내 레아는 좋은 재능을 받았다. 우리 집 식탁에서는 많은 사람들이 자신의 경험을 털어놓는다. 다양한 여성들이 차를 마시면서 내 아내에게 자신들의 기쁨과 슬픔을 이야기한다. 상대방을 판단하거나 충고하지 않고 잘 들어주는 아내 덕분에 말하는 사람들은 치유를 경험한다. 그들은 삶의 모든 고통을 아내에게 털어놓는다. 아내는 그저 들어주기만 하는데 배우자의 외도로 인한 고통, 불안한 십대 자녀로 인한 고통, 직장에서 벌어진 논쟁, 식탁에서 벌어진 부부싸움 등이 제 길을 찾는다. 아내의 따뜻한 포옹과 침착함이 큰 위로를 준다.

내 아내만이 아니라 누구든 듣는 능력을 계발할 수 있다. 판단 없이 긍휼의 마음으로 들어주며 자신의 생각이 어떠하든, 옳든 그르든 있는 그대로 받아주면 된다.

사람들에게 항상 충고나 상담이 필요한 것은 아니다. 굳이 정답을 말해줄 필요도 없다. 문제를 해결하지 않아도 된다. 그저 이야기를 들어줄 누군가가 필요할 뿐이다. 들어주기만 하면 말하는 사람이 스스로 생각을 정리한다. 병원 원목으로 섬기던 어느 사제는 병실에서 나올 때마다 환자들에게 "정말 도움이 많이 됐어요"라며 감사하다는 말을 수도 없이 듣는다고 한다. "사실 저는 한 일이 없습니다. 그저 앉아서 들어주고 웃고 안타까워하고 고개를 끄덕였을 뿐입니다. 사람들은 스스로 해결책을 찾습니다."

상대방에 대한 감정을 나눔으로써 치유를 도울 수도 있다. 고통스러웠던 경험에 대한 이야기를 들어주며 눈물을 흘리면 상대방은 자신의 고통이 인정받았다는 자신감을 얻는다. 이때 우리의 눈물은 "맞아, 당신이 그렇게 느끼는 게 당연해"라는 의미다.

그러한 우리의 경험을 알려주면 상대방은 혼자가 아니라는 위안을 얻는다.

"제가 아내와 싸웠을 때……" 음포는 한 사제의 말에 깜짝 놀랐다. 예상치 못한 말이었다. 그가 어떤 사람인지, 얼마나 견고한 결혼 생활을 하고 있는지 알고 있었기 때문이다. 아내와 부부싸움을 했다는 사제의 말이 음포에게는 남편과의 갈등을 헤쳐나가는 데 도움이 되었다. 어느 부부나 싸운다는 사실, 심지어 잉꼬부부로 잘 알려진 부부도 싸운다는 사실에 위로를 받았던 것이다. 다른 사람의 개인적 고통을 알게 되면 누구나 비슷한 경험을 한다는 사실에 평안을 얻는다.

치유로 가는 여정에는 험한 산길도 지난다. 상처가 크고 깊으면 상처 치료를 도와줄 약도 필요하다. 가장 효과적인 치료제는 바로 용서다. 우리는 "용서하고 잊어버려라"라는 잘못된 가르침에 익숙하다. 용서는 잊는 것이 아니라 오히려 깊이 기억하는 것이다. 용서할 때 우리는 우리가 누구이고 누구에게 속했는지를 기억한다. 우리가 창조주 하느님을 닮은 창조적인 사람이라는 사실도 기억한다.

용서할 때 우리는 창조의 능력을 되찾을 수 있다. 우리에게 상처를 주었던 사람과의 관계를 새롭게 창조하며, 우리 자신에 대한 이야기를 새롭게 쓴다. 용서할 힘을 찾은 사람은 더 이상 희생자가 아니라 생존자다.

용서는 창조적인 행위이며 해방시키는 행위다. 우리를 괴롭힌 사람들을 용서할 때 우리는 가해자에게 묶여 있던 속박에서 해방된다. 더 이상 가해자에게 원한을 품지 않는다. 그들은 더 이상 우리의 감정이나 기질, 자아를 통제하지 못한다. 우리가 스스로 써야 하는 인생의 이야기에 마음대로 끼어들 수도 없다. 용서는 우리를 해방시켜준다. 우리는 이제 자유다.

자신을 용서하는 일도 이와 비슷하다. 타인을 용서하는 연습을 통해 자신을 용서하는 방법을 배운다. 자신에게 베푼 용서를 다른 사람들에게 베풀 수도 있다. 어디서부터 시작하느냐는 중요하지 않다. 자신의 실수와 실패를 용서하다 보면 다른 사람들도 더 잘 용서할 수 있게 된다. 다른 사람의 죄와 잘못을 용서해주다 보면 우리 자신을 용서하는 방법도 배울 수 있다.

돌아가시기 전날 밤에 아버지 말씀을 듣지 않았던 나 자신을 용서하기가 어려웠지만, 거기에는 아버지의 폭력이 남긴 복잡한 감정들도 섞여 있었다. 어느 하나에 마음이 부드러워지면 다른 것에도 부드러워진다. 긍휼의 마음은 기억 속에 엉킨 고통의 뭉치들을 잘 씻어준다. 나는 과거의 나와 아버지를 용서로 대면했다. 시간이 흐르면 나와 아버지 모두 완전히 해방될 것이다.

용서할 때 창조의 능력이 열린다. 우리는 새로운 관계를 창조한다. 용서할 때 해방의 능력도 열린다. 우리에게 상처를 주었던 사람들은 더 이상 우리에게 빚이 없으며 우리 역시 그들에게 더 이상 묶임이 없다. 용서할 때 기억도 되찾는다. 우리가 선하다는 사실과 온전해지는 방법을 다시 기억한다. 우리의 가족, 공동체, 우리 자신도 사실상 새롭게 재구성(re-member)된다. 가족의 불화로 생긴 상처와 분노로 인해 배우자나 형제, 부모와 자식 사이가 멀어진다. 그러나 용서는 떨어졌던 사람들을 다시 불러 모으며 한 가족이 되게 한다.

'탕자의 비유'에서 보듯이 우리가 선택하는 말에 따라 가족이 나뉘기도 한다. 아버지는 아들이 돌아와서 기뻤지만 형은 그런 아버지가 못마땅했다.

그는 아버지에게 대들었다. "저는 여러 해 동안 아버지를 섬겨 왔고 아버지의 명령을 어긴 일도 없는데 제게는 아무것도 해주신 것이 없습니다. 그런데 저 허랑방탕한 아버지 아들이 돌아왔다고 잔치를 벌이시다니 말이나 됩니까?" '아버지 아들'이란 말에는 부자 관계를 이야기하면서 형제지간을 미묘하게 부인하는 의미를 담고 있다. 그러나 아버지는 두 아들을 모두 받아들이고 한 가족의 일원으로 포함시켰다. "네 동생은 죽었다가 다시 살아 왔으니 잃었던 사람을 되찾은 셈이다. 그러니 이 기쁜 날을 어떻게 즐기지 않겠느냐?"

진실화해위원회에서 이처럼 가족이 회복되는 경우를 여러 차례 보았다. 아들을 잃은 어머니를 소개하겠다. 1986년 케이프타운 외곽의 구굴레투에서 사내아이들 일곱 명이 경찰의 기습공격으로 목숨을 잃었다. 사건이 일어나기 몇 주 전에 아이들은 신분을 감추고 경찰에 협조하던 사람과 알게 되었다. 스파이는 아이들에게 경찰서를 습격하라고 부추겼다. 경찰은 10년 동안 혐의를 부인했으나 마침내 경찰관 두 명이 사전에 계획된 공격이었다고 자백했다. 진실화해위원회 청문회가 끝나자 타펠로 음벨로라는 경찰관은 살해당한 아이들의 어머니들과 만나게 해달라고 요청했다. "Ndi cel'uxolo(저를 용서해주십시오)." 그가 한 말을 문자 그대로 해석하면 "저는 평화를 요청합니다"라는 뜻이다. 호사족의 말에서 용서란 가해자와 피해자 사이에 평화를 구축하며 가해자의 마음도 평화롭게 한다는 의미다. 한 어머니가 입을 열었다. "Mtan'am(내 아들)." 짧은 한마디로 그녀는 그를 받아주었다. 잔혹한 행위 때문에 공동체에서 격리되었던 타펠로를 공동체의 일원으로 받아준 것이다.

　용서와 용납은 화해라는 또 다른 문을 연다. 화해에는 회복이 포함된다. 갈라지기 이전에 누렸던 친한 관계가 회복된다는 의미다. 그러나 원래부터 돈독한 관계였던 경우는 찾아보기 어렵다. 그다지 이상적인 관계도 아니었다. 성서의 저자들이 남긴 글을 봐도 진정한 인간의 화해를 찾아볼 수 없다. 온통 전쟁의 피 흘림과 노예의 고통으로 얼룩져 있다. 시간이 존재하기 전의 시간으로 가보면 에덴동산에서 모든 피조물이 하느님과 조화롭게 살던 이상적인 곳이 있었다. 화해를 하면 그런 소망 가득한 세상에서 살게 된다. 우리는 처음 만나는 기분으로 다시 만난다. 에덴은 도달할 수 없는 허황된 꿈이 아니다. 아주 잠깐이라도 우리 대부분이 이미 목격한 장소이다.

사랑이 샘솟을 때의 그 싱그러움처럼 에덴동산에는 새로움이 넘친다. 아기의 탄생, 숨이 멎을 듯한 자연경관을 보면서 우리는 에덴의 경이로움을 경험할 수 있다. 친구나 가족들이 모여서 잔치를 벌일 때 에덴의 조화를 깨닫는다. 결혼, 생일, 기념일에도 에덴을 잠깐 맛볼 수 있다. 나는 최근에 다양한 친구들을 초청해서 우리 부부의 결혼 50주년을 기념했다. 피부색도, 종교도 다르고 나이도 천차만별인 사람들이 세계 각지에서 소웨토 교회로 모여들었다. 태곳적 조화를 잠시 엿볼 수 있는 시간이었다.

음포가 다닌 신학교 교수와 그의 아내는 부부치료를 받았다. "우리가 행복했던 때가 언제였는지 알아봐주십시오. 결혼 기간 동안 우리가 기쁨을 놓쳤다면 무엇 때문에 놓쳤을까요? 그 기쁨을 어떻게 하면 되찾을 수 있을까요?" 그에게는 아내에게 구애하던 기쁨의 시절이 에덴이었다.

다시는 돌아가고 싶지 않은 아파르트헤이트 시절의 남아공에서도 에덴의 모습을 찾을 수 있다. 서로 다른 기관들이 공동의 목적을 위해 협력했다. 전혀 다른 종교를 가진 사람들이 서로의 차이를 잠시 내려놓고 정부의 사악한 음모에 함께 저항했다. 많은 사람들이 가족, 인간의 존엄성, 보건, 복지를 지키기 위해 부당한 법에 항거했다. 이제 새로워진 남아공에서 우리가 할 일은 모든 피조물이 조화롭게 살아가는 이상적인 에덴을 만드는 것이다. 그런 에덴이 아직은 남아공에 뿌리내리지 못했기 때문에 진실화해위원회에서 시작한 일은 아직 끝나지 않았다.

　어쩌면 화해란 끝이 없는 일이다. 린다 바이엘은 화해라는 지지부진한 일을 한결같이 실천한 사람이다. 그녀의 딸 에이미는 남아공에서 죽었다. 금발에 날씬하고 예뻤던 에이미는 전형적인 캘리포니아 소녀였다. 정의를 향한 열정과 학문적 탐구심이 뜨거웠던 에이미는 풀브라이트 장학금을 받고 남아공에 왔다. 에이미는 처음으로 인종차별 없이 치러지는 남아공의 선거를 앞두고 유권자 교육과 등록을 위해 열심히 일했다. 캘리포니아로 돌아가기 전날 에이미는 친구들을 구굴레투까지 차로 데려다주었다. 구굴레투는 과거 일곱 아이들이 살해된 바로 그곳이다. 에이미와 친구들은 그날 시위가 있다는 사실을 전혀 몰랐다. 흥분한 시위대의 소리가 들렸다. "백인 정착민에게 총알을!" 날아오는 돌에 에이미는 차를 멈출 수밖에 없었다. 에이미는 차에서 끌려나와 몰매를 맞고 칼에 찔렸다. 결국 캘리포니아에서 한참 떨어진 남아공의 경찰서에서 숨지고 말았다.

　네 명의 젊은이가 살해 혐의로 기소되었다. 그들은 에이미를 칼로 찔렀다고 자백했다. 새로운 남아공에는 사형제도가 없기 때문에 그들은 수감되었다. 진실화해위원회가 구성되자 청년들은 사면을 요청했다. 자신들의 행동은 정치적 행위라는 주장이었다. 에이미의 부모인 린다와 피터 바이엘 부부는 그들의 사면 신청을 돕기 위해 남아공까지 왔다. 결국 사면이 허가되었다.

  모든 인종이 서로를 존중하며 살아가는 무지개 국가를 만들기 위해 노력했던 에이미의 삶과 헌신을 기리기 위해 바이엘 부부는 에이미 바이엘 재단을 세웠다. 이 재단은 에이미가 살해된 남아공과 미국에 지부를 두고 있다. 에이미의 아버지 피터가 2005년 세상을 떠난 뒤로 린다는 대부분의 시간을 남아공에서 보낸다. 에이미를 살해했던 네 명 중 둘은 케이프타운의 재단 사무실에서 근무하고 있다.

  린다 바이엘에게 화해는 추상적인 개념이 아니다. 그녀는 매일 아침마다 눈을 떠서 딸이 죽은 현실과 대면한다. 앞으로도 계속 자신의 딸을 죽인 사람들과 함께 지내야 한다는 사실을 알고 있다. 때로는 그들을 용서하는 일을 처음부터 다시 시작해야 할 때도 있다. 한 번으로 끝나는 일이 아니다. 하루를 정해서 그날 용서와 화해를 끝내기로 결심한다고 되는 일도 아니다. 린다는 음포에게 "용서란 지속적인 일"이라고 말했다. 린다는 살해당한 아이의 엄마로서 날마다 용서의 수고를 한다. 또한 재단의 대표로서 화해도 실천한다. 그녀의 수고와 노력 덕분에 남아공이 화해에 한층 가까워졌으며, 모든 아이들이 하느님이 우리에게 주신 선물이자 꿈인 선함 속에서 배우고 웃고 사랑하며 살아가는 에덴에 좀 더 가까워졌다.

선으로 돌아가는 일도 지속적인 일이다. 선이라는 집으로 돌아가는 일에는 능숙한 안내자가 필요하다. 다음 장에서는 하느님의 음성을 듣는 방법을 설명하겠다. 십대 시절 내가 경험했던 중요한 일을 먼저 소개하겠다.

잠시 침묵하면서 우리 마음에 말씀하시는 하느님의 음성에 귀를 기울여보자.

에덴에서 멀리 떨어져 있구나.
집으로 돌아가는 길을 알고 있니?
이리 오렴, 아이야. 내가 가르쳐주마.
저기 겸손의 길이 보이니?
슬픔을 고백하는 길과
"미안해"라는 사과의 길도 있구나.
그 길을 따라가면 에덴에 갈 수 있지.
혹시 교만의 길이 보이니?
편평해 보이는 그 길에는
뉘우칠 줄 모르는 사람들만 다니지.
목이 곧고 목소리만 큰 사람들을 위한 길이야.
그 길은 에덴에서 한참 떨어져 있단다.

그 사이에는 산이 놓여 있단다.

너는 에덴으로부터 얼마나 떨어져 있니?

너는 알 거야,

네가 지치고 후회하며

회개의 길로 돌아갈 때,

집으로 가는 길을 발견하고

그 길로 다른 사람들을 이끌 때

비로소 너는 알 수 있을 거야,

에덴이 멀리 있지 않다는 걸.

가만히 멈추고 들어보렴.

바짝 마른 땅 위로 떨어지는 신선한 빗방울

풀밭에 불어오는 여름의 시원한 바람

모두 내 음성이란다.

10장
하느님의 음성 듣기

나는 내 앞에 어떤 일이 벌어질지 예상하고 있었다. 시트를 덮은 차가운 시체를 들것에 실어서 영안실로 옮기는 것을 보았다. 당시 내 나이는 열여섯, 열일곱 정도였다. 리트폰타인 결핵병원의 남자병동에 있은 지도 벌써 몇 달째였다. 나는 화장실에서 피를 토했다. 그냥 몇 방울 정도가 아니라 피가 철철 흘렀다. 이것이 어떤 상황인지 나도 의사들도 알고 있었다. "어린 친구가 오래가지 못할 것 같습니다." 그들은 트레버 허들스톤 신부에게 말했다. 굳이 나에게 말하진 않았다. 이미 전에도 겪은 일이라 알고 있었다. 기침을 하면서 하느님께 기도했다. "하느님, 저는 죽어도 괜찮아요. 죽지 않는다면 그것도 좋아요." 기도가 끝나고 찾아온 평안에 나는 깜짝 놀랐다. 딱히 더 용감해지지도 않았고 절박하거나 걱정하지도 않았다. 살아야겠다는 간절함도 없었다. 그렇다고 아직 생명을 포기하지도 않았다. 그저 하느님의 임재 가운데서 평안했다.

세월이 흘렀지만 내 기도는 언제나 원점으로 돌아오는 느낌이다. 기도할 때마다 하느님 앞에 세상 일과 내 문제들을 내어놓는다. 하느님께 "이렇게 하시고 저렇게 고쳐주세요"라며 처방을 제시하지 않는다. 많은 사람들은 하느님이 고쳐주셔야 할 일이 많다고 얘기한다. 나도 안다. 매일 뉴스를 보고 신문을 읽는다. 세계에서 일어나는 고통과 혼란을 알고 있다. 일주일 동안 지구 한편에서는 홍수가 나고 반대편에서는 가뭄으로 인한 기근에 시달린다. 지진과 해일을 비롯한 자연재해가 연일 신문지상을 차지한다. 전쟁도 끊임없이 일어난다. 강간, 살인, 납치, 난동 등 각종 사건 사고가 뉴스에 보도된다. 또한 나에게는 자식들과 손자들도 있고 곳곳을 다니며 회의와 강연도 한다. 각각의 일이 나름의 재미와 걱정거리와 문제를 지니고 있다. 물론 내가 원하는 결과와 방향이 있지만 하느님께 홀로 기도하면서 모든 계획과 소망과 기쁨과 걱정을 주님 앞에 내어놓는다. 이렇게 되어야 한다고 하느님께 감히 지시하지 않고 모든 사람과 상황을 하느님 앞에 드린다. 그러고는 잠잠히 머무른다. 최대한 잠잠하려고 노력한다.

'하기(doing)' 대신 '있기(being)'는 우리에게 쉬운 일이 아니다. 우리는 몹시 바쁘고 활동적이다. 해야 할 일의 목록이 길면 길수록 어깨가 으쓱해진다. 깨어 있는 매 순간 속에 소음과 활동을 집어넣으며, 말하지 않을 때조차도 머릿속에서는 끊임없이 떠들어댄다. 우리 머릿속에는 우리가 보고 느끼고 생각하고 경험하는 모든 일에 대한 의견이 쉴 새 없이 제기된다. 그러나 기도 시간에는 수용의 자세를 지녀야 한다. 자아를 잠재우고 떠들어대는 생각들을 잠시 제쳐두어야 시끄러운 우리 이야기 뒤에서 나지막이 말씀하고 계신 하느님의 음성을 들을 수 있다.

〈시편〉 작가는 하느님의 음성을 기록했다. "너희는 멈추고 내가 하느님인 줄 알아라." 따르기 쉬운 명령은 아니다. 자아를 잠재우려고 하면 새끼 고양이가 생쥐나 실타래를 붙잡으려는 것처럼 생각들을 붙잡으려고 발버둥친다. 잠시 조용하다가도 문득 한 생각이 떠오르면 자신의 번뜩이는 재치에 감탄하면서 계속 생각에 생각의 꼬리를 문다. 방해받지 않고 집중하려면 도움이 필요하다.

아이들을 재우려면 먼저 하루 동안의 부산했던 일들을 정리해야 하듯이 기도하려면 생각부터 정리해야 한다. 먼저 기도 장소를 정한다. 나는 집이 있는 소웨토에서는 예배당에서 기도한다. 케이프타운에서는 조그만 기도실에서 혼자만의 기도 시간을 보낸다. 여러 지역을 다니다 보면 이상적인 기도 장소를 마련하기가 쉽지 않다. 나는 기도에 도움을 얻고자 십자가와 성상을 가지고 다닌다. 이런 물건들은 기도 장소를 구별해주는 역할을 한다. 내 무슬림 친구들은 기도 매트를 가지고 다니면서 어디서나 기도한다. 예배당이나 기도실이 주위에 없을 수도 있다. 개인 방이 있다면 이상적이지만 항상 여건이 허락되는 건 아니다.

개인 방이 없다면 기도 시간을 정하는 일에 신중을 기하라. 시간 정하기가 중요한데, 방해받지 않는 시간을 택해야 한다. 가능하면 홀로 있을 때가 좋다. 나의 경우 집에 있을 때는 식구들이 하루를 시작하기 전에 먼저 일어난다. 아내가 옆에서 자는 동안 침대에 앉아 하느님과의 시간을 보낸다. 아이들이 어릴 때는 아내가 내가 없어도 되는 일로 아이들을 무언가에 몰두하게 해서 나의 기도 시간을 확보해주었다. 아내는 지금도 내 기도 시간을 중심으로 집안의 일과를 조정한다. 나와 함께 일하는 이들도 기도 시간을 피해서 일정을 계획해준다.

시간과 공간이 정해졌으면 이제 기도를 시작할 수 있다. 나는 기도하려고 앉은 뒤에 보통 초청의 기도로 시작한다. 내가 좋아하는 기도는 〈베니 크레아토르 스피리투스(임하소서 성령이여)〉이다.

오소서 창조주 성령이여
우리 영혼 안에 임하소서
고귀하신 당신의 은총으로

모든 조물 채워주소서.

  이런 초청의 기도문을 이용하면 기도의 내용이 더욱 실제적으로 다가온다. 우리는 하느님의 은혜로만 기도할 수 있으며 하느님과 대화하려면 하느님의 도움이 필요하다. 이렇게 초청의 기도를 하고 나면 침묵 속에 들어갈 준비가 된다.
  자아를 조용히 잠재우는 방법은 여러 가지가 있다. 음포는 호흡과 함께 내가 앞서 소개한 〈시편〉 구절을 이용하라고 조언한다. 숨을 들이마시면서 "너희는 멈추고"라고 말한 뒤에 숨을 내뱉으면서 "내가 하느님인 줄 알아라"라고 말한다. 큰 소리로 말할 필요는 없지만 입으로 내뱉으면 집중하는 데 도움이 된다. 문장을 줄여도 호흡은 짧게 하지 말고 호흡으로 단어의 빈 공간을 채운다.

  너희는 멈추고 내가 하느님인 줄 알아라
  멈추고 내가 하느님인 줄 알아라
  내가 하느님인 줄 알아라
  하느님인 줄 알아라
  알아라

  Be still and know that I am God

Be still and know that I am

Be still and know that I

Be still and know that

Be still and know

Be still and

Be still

Be

　음포는 이처럼 한 구절을 적은 뒤에 한 단어씩 빼는 방식으로 기도하기도 한다. 때로는 묵상 시간 내내 이렇게 단어들을 조합하고 생략하기도 한다. 침묵하는 동안 단어들을 줄이다가 문득 딴생각이 들어서 침묵을 방해하면 다시 단어들을 떠올린다. 단어와 호흡은 마치 불안정한 계단의 난간과 비슷하다. 난간에 온전히 기대야 할 때가 있는가 하면, 계단을 밟고 올라가면서 난간에 살짝 손만 대도 충분할 때가 있다. 난간이 전혀 필요 없을 때도 있다. 〈시편〉 말씀과 호흡도 마찬가지다. 집중하기 위해서 필요할 때가 있지만 거의 의식하지 않거나 아예 필요 없을 때도 있다. 이처럼 한 단어나 구절, 기도문을 반복하는 기도는 누구나 사용할 수 있는 방법이다. 반복과 호흡이 결합되면 더욱 깊은 침묵 속에 들어갈 수 있다. 침묵 한가운데 머무르면 하느님의 음성에 좀 더 익숙해진다.

우리가 하느님의 음성에 주파수를 맞춰야 하는 까닭은 하느님의 음성은 항상 우리 주변에 있기 때문이다. 하느님은 언제나 우리에게 말씀하시며 우리를 대화로 초청하신다. 미식축구 경기를 구경한다고 생각해보라. 관중들의 함성이 너무 커서 바로 옆에 앉은 친구의 목소리도 안 들린다. 친구의 말을 들으려면 고개를 돌려서 주의를 기울여야 한다. 고개를 돌려서 주의를 기울이는 것이 바로 기도다. 관상기도(contemplative prayer)를 시작한다고 해서 우리를 위해 주위 사람들이 자리를 비켜주지는 않는다. 걱정과 문제가 기적적으로 순식간에 사라지지도 않는다. 그러나 주위의 소음이 차츰 멀어진다. 우리가 훨씬 중요한 것에 주의를 돌렸기 때문이다. 이제 하느님의 음성이 전면에 등장한다.

음포의 남편이자 나의 사위인 조는 신문사 스포츠 담당 기자로 일했는데, 오랫동안 대학농구를 취재했다. 그는 전국을 다니며 수백 경기를 참관했다. 일 년 중 조가 가장 흥분하는 시기는 전미 대학농구선수권 토너먼트가 열리는 '3월의 광란' 기간이다. 경기는 언제나 흥미진진했다. 조는 항상 마감에 쫓겨서 기사를 썼다고 했다. 텔레비전으로 함께 경기를 시청할 때면 그는 화면에서 자신이 보통 앉았던 한 구역을 가리켰다. 경기장 가장자리 오른편이 취재기자들의 자리였다. 나로서는 그의 일이 상상이 가질 않았다. 경기는 박진감이 넘쳤다. 선수들은 숨 가쁘게 경기장을 누비고 점프하고 공을 툭툭 튀기기도 했다. 지시 사항을 외치는 감독, 휘슬을 부는 심판, 열광하는 팬들, 활기찬 율동과 곡예에 가까운 솜씨로 보는 이를 매료시키는 치어리더도 모두 흥미로웠다. 가끔 기자석으로 공이 날아오거나 선수들이 달려와 부딪치기도 했다. "저는 모든 상황을 다 적어야 해요. 경기가 끝난 뒤에 기사를 시작해선 안 돼요. 경기 종료 때까지 기사를 마쳐야 하니까요. 모든 걸 배경음악이라 생각해요. 마감시간을 맞추려고 기사를 쓰다 보면 주위 소음에 신경 쓸 겨를이 없어요. 경기 흐름과 플레이를 따라가느라 바쁘죠. 다른 건 모두 배경음악에 불과해요." 조는 혼란스러운 와중에도 고요함을 경험했다. 우리도 기도할 때 그렇게 할 수 있다. 기도하는 습관을 들이면 마음으로 하느님의 음성을 듣고 눈으로 하느님 말씀의 방식을 볼 수 있는 능력이 길러진다. 모든 초점이 선하신 하느님께만 집중되면 소란스러운 우리의 욕망과 아우성은 모두 배경음악처럼 여겨진다.

  기도에 대해서 한 가지 짚고 넘어갈 점이 있다. 기도에 있어 전문가란 없다. 음포와 내가 자주 받는 질문 중 하나는 "제가 기도를 제대로 하고 있는 건가요?"이다. 솔직히 대답하자면 "제대로 하지 않아도 상관없다"고 말해주고 싶다. 사도 바울로는 〈로마인들에게 보낸 편지〉에서 "성령께서도 연약한 우리를 도와주십니다. 어떻게 기도해야 할지도 모르는 우리를 대신해서 말로 다 할 수 없을 만큼 깊이 탄식하시며 하느님께 간구해주십니다"라고 했다. 우리가 기도를 정확히 하지 못하더라도 우리는 충분히 잘하고 있다.

　기도를 '충분히 잘' 하는 방법은 하루 중에도 자주 하느님께 주의를 돌리는 것이다. 짧은 기도는 우리가 받은 축복을 기억하게 한다. 급하게 달려가는 하루 일과에서 잠시 멈추고 숨을 돌릴 수도 있다. 조는 아이들을 깨울 때 이렇게 기도한다. "하느님, 새 날을 주셔서 감사합니다. 오늘 하루도 저희를 안전하게 인도해주세요." 우리 가족은 식사하기 전에 음식에 감사하고 준비한 손길에 감사하고 어려움에 처한 사람들을 위해 기도하는 일이 습관화되어 있다. 차를 타고 나갈 때도 하루 여정을 위해 기도한다. "하느님, 우리를 축복하시고 땅으로 하늘로 바다로 여행하는 모든 사람들을 축복해주세요. 우리의 여정을 안전하게 지켜주세요. 우리가 만나는 사람들에게 축복의 통로가 되게 하시고 그들 역시 우리에게 축복의 통로가 되게 해주세요. 예수님의 이름으로, 아멘." 이런 기도를 우리는 '포켓 기도'라고 부른다. 하루를 살아가는 힘이 되는 짧은 기도들이다. 이렇게 하다 보면 하느님께 말씀드리는 일이 저절로 몸에 밴다.

　우리의 하루는 전환 시간으로 가득하다. 우리는 잠에서 깨어나 일어나서 씻고 씻은 뒤에 옷을 입고 하루 일과를 시작한다. 어린 아이들에게는 이런 일상을 이어가는 것이 어렵다. 깨우고 옷 입히고 밥 먹이는 등의 일이 가장 큰 스트레스라고 고백하는 부모들과 교사들이 많다. 아이들도 이런 전환 시간에 제일 많이 화내고 짜증을 부린다. 나이가 들면 이 전환 시간에 대처하는 요령이 생기고 스트레스를 해결하는 방법도 터득하게 된다.

내가 소개한 기도를 보면서 혹시 눈치 챘을지 모르겠는데 우리 가족은 전환 시간마다 기도를 한다. 하나의 일에서 다음 일로 넘어갈 때마다 기도한다. 우리는 아침에 일어날 때 기도한다. 식사하기 전에 감사 기도를 한다. 집을 출발하기 전에 차에서 기도한다. 회의도 기도로 시작한다. 좀 더 고민이 필요할 때는 회의를 중단하고 기도한다. 잠자리에 들기 전에도 기도한다. 가정이나 회사에서 기도할 여건이 안 된다면 1분간의 침묵도 가능하다. 사랑과 용서의 힘을 알리는 일에 주력하고 있는 페처연구소 직원들은 회의를 할 때면 잠시 침묵한 뒤에 회의를 시작한다. 음포는 이 시간을 '도착 시간'이라 부른다. 침묵 속에서 참석자들은 당장의 일과 연관이 없는 걱정거리나 문제들을 접어두고 회의에 온전히 참석하게 된다. 충분한 의사소통을 위한 준비의 시간인 것이다.

기도는 우리가 하느님과 대화하는 방법인 동시에 하느님이 우리와 대화하는 방법이다. 대화는 기술이다. 연습하여 발전할 수 있다. 나는 거의 반세기 동안 결혼 생활을 해왔지만 지금도 아내와 대화하는 방법을 배우고 있다. 함께 살면서 차마 하지 못한 말도 많고 각자 나름대로 해석하여 오해가 생기기도 한다. 아내가 말이나 행동으로 표현한 감정들을 놓치거나 오해할 때도 많다. 그러나 세월이 흐르면서 사랑과 경험 덕분에 서로에 대한 이해도 깊어졌다. 굳이 말하지 않아도 되는 일들, 혹은 서로에게 지극히 자연스러워진 것도 많다.

  나도 이제 예전 같지 않아서 귀도 잘 안 들리고 눈도 침침하다. 전처럼 잘 보이지도 않고 훌륭한 의사들의 도움을 받고 있지만 청력이 약하다. 전에는 얼굴 표정이나 속삭임만으로도 아내가 하려는 말을 알아차렸는데 이제는 표정에 손짓이 더해지고 속삭임에 팔꿈치가 필요하다. 이처럼 대화하는 방법들을 새롭게 터득하고 있다.

  하느님과의 대화도 마찬가지다. 하느님도 항상 동일한 방법으로 말씀하시지 않는다. 우리가 하느님에게 말하는 방법도 마찬가지다. 조용하게 마음으로 하느님께 말씀드려도 되지만 찬송이나 〈시편〉, 춤을 추거나 소리치면서 눈물과 간청과 기쁨으로 하느님과 대화할 수도 있다. 날마다 기도하면서 나는 하느님의 말씀을 듣는 새로운 방법을 배운다. 하느님께 말씀드리는 방법도 늘 새롭게 배운다.

*

  내가 어릴 때 죽음의 문턱에서 했던 침묵기도나 지금 하는 관상기도 외에도 나는 다양한 방법으로 하느님과 대화한다. 한동안 혼란, 고통, 공포, 분노를 들고 예배당에 갔던 때가 있었다. 당시는 차분히 기도 의자에 자리 잡고 앉아서 묵상하는 가운데 기도문을 읊조릴 수가 없었다. 그저 눈물만 흘렸다. 나는 눈물로 호소하고 하느님과 싸웠다. 하느님께 분노와 절망을 토로하기도 했다. 1989년 9월, 케이프타운 거리는 시위대로 가득했다. 아파르트헤이트의 종식은 그렇게 시작되었다.

아파르트헤이트 아래에서 치러지는 선거일까지 몇 주 동안 인종차별에 반대하는 시민 및 종교단체는 시민불복종 운동을 펼쳤다. 다양한 인종의 사람들이 반아파르트헤이트 운동에 동참했다. 대부분은 별로 잃을 게 없는 유색인종과 가난한 사람들, 젊은이들이었다. 정부는 예상했던 대로 무력으로 대응했다.

당시 나는 노벨상 수상자로서 케이프타운 대주교와 남아프리카 관구 대주교를 지내고 있었다. 나의 행보와 내가 한 말은 언론을 통해 세계에 알려졌다. 남아공 경찰은 정치선전에 있어서는 선수들이었다. 그들은 나를 비롯하여 세계적으로 알려진 반아파르트헤이트 인사들이 경찰이 휘두르는 곤봉에 맞아서 피 흘리는 장면이 보도됨으로써 벌어질 파장이 어떠할지 알고 있었다. 그래서 알려진 인사들은 현장에서 검거하여 몇 시간 동안 붙잡아두었다. 기자들과 카메라가 사라지면 다시 시위대를 향해 곤봉을 휘둘렀다.

다양한 인종의 시위대가 집결한 케이프타운의 상업지역에서 경찰은 곤봉과 물대포를 사용했다. 백인 시위대도 경찰의 대응에 놀랐다. 남아공 백인 중에는 경찰의 분노를 경험해본 사람이 드물었지만, 흑인과 유색인종이 사는 도시 외곽 지역에서 경찰의 대응은 살벌했다. 경찰은 시위대를 해산시키기 위해 실탄을 사용했다. 선거일인 1989년 9월 6일 수요일에 국영방송에서는 경찰과 시위대의 충돌로 20명이 사망했다고 보도했다. 우리는 이틀 후인 금요일 점심때에 케이프타운 중심에 위치한 세인트조지 성공회 성당에서 추모예배를 드리기로 했다. 9월 7일 목요일 저녁에 나를 도와주는 매트 에서가 오더니 케이프타운 인근 흑인 거주지의 실제 사망자 수는 스무 명이 훨씬 넘는다고 전했다. 충격과 분노에 싸인 나는 눈물을 뿌리며 기도했다.

잠도 안 자고 밤새 기도하는 가운데 다시 한 번 시위를 해야겠다는 확신이 들었다. 내가 아니라 내 안의 하느님이 주신 압력이었다.

하느님의 압력을 어떻게 설명할 방법이 없다. 갑자기 숨이 막히고 무거운 짐에 눌리는 기분이 들었다. 그보다 중요한 건 강한 충동이었다. 사랑의 충동이었다. 이성의 목소리를 억누르고 행동을 촉구하는 압력이었다.

나는 이성이나 논리로 생각하지 않았다. 시위에 대해 머릿속으로 계산하지도 않았다. 대부분의 시위가 폭력과 죽음으로 끝났다는 사실도 알고 있었지만, 이번 일은 내가 주인이 아니었다. 돌이킬 수도 없었다. 나는 금요일 아침에 말했다. 오늘 추모예배 때 월요일 오전에 시위를 벌이자는 말을 하겠다고. 그러나 매트의 설득에 나는 시위를 이틀 뒤로 연기하기로 했다. 내가 생각하기에 하느님은 세부 사항까지 지나치게 고려하지는 않으시는 것 같다. 정확한 날짜와 시간은 중요하지 않았다. 시위를 벌이는 게 중요했다. 빠르면 빠를수록 좋았다. 나는 추모예배에서 시위 계획을 발표했다. 선거일 전까지 벌어진 피비린내 나는 시위로 사람들도 지쳤기 때문에 별로 반응을 보이지 않을 거라 생각했다. 천여 명 정도 나오지 않을까 싶었다.

반응은 예상 밖이었다. 1989년 9월 13일 수요일, 3만 명에 이르는 케이프타운 시민들이 애덜리 스트리트에서 시청 앞 광장까지 운집했다. 인종, 이념, 계급, 피부색이 다른 사람들이 모두 모였다. 이슬람 지도자들이 유대인 랍비들, 크리스천 주교들과 팔짱을 끼었다. 밀짚모자를 쓴 백인 사립학교 여학생들이 흑인 청소부들과 함께 행진했다. 말쑥한 정장을 입은 변호사들과 회사원들이 요란한 옷을 입고 토이토이 춤을 추며 거리를 행진하는 흑인 청년들과 동행했다. 공장 노동자, 항만 노동자, 경찰, 실직자 모두가 함께했다. 진정한 무지개 국가의 모습이었다. "우리 도시에 평화를! 살인을 중단하라!"는 현수막 아래 하나가 되었다. 경찰은 보이지 않았고 반아파르트헤이트 단체인 통일민주전

선 운동가들이 시위대의 질서를 통제했다. 이날의 행진 이후 평화시위가 전국을 휩쓸었다. 이전의 폭력은 더 이상 보이지 않았다. 뭔가가 달라졌다.

시위는 하느님이 주신 생각이 아닌, 나의 생각이 아니냐고 물을 수도 있다. 그러나 이번 시위는 현실적으로 가능한 일이 아니었다. 우선 시위를 조직하기가 불가능했다. 일부 동료들은 내가 반아파르트헤이트 조직과 연계하지 않기를 바랐다. 그러나 모두가 동참했다. 새로 선출된 케이프타운의 고든 올리버 시장이 어떻게 나올지도 알 수 없었다. 올리버 시장도 금요일 추모예배에 참석했는데 그도 행진에 참여하겠다고 그 자리에서 말했다. 역사상 처음으로 시에서 시위행진을 공식 허가해준 것이다.

내가 시위를 벌이자고 했을 때 아파르트헤이트 정부에서 어떤 논의가 오갔는지 나로서는 알 수 없었다. 인종차별주의자이며 독재자였던 피터 보타 대통령 뒤에 존재하던 '친위 쿠데타' 세력에 대해서도 몰랐고, 대통령 당선자였던 F. W. 데 클레르크가 이미 세력을 확보하고 있었다는 사실도 알지 못했다. 데 클레르크가 전임자와 다른 사람이라는 사실도 몰랐다. 클레르크는 판단이 빠르고 영리한 정치인이었다. 그는 다른 계산을 하고 있었다. 권력을 유지하기 위해 시위대를 탄압하지 않았다. 그는 아파르트헤이트의 찬성 세력과 반대 세력이 교착상태에 도달할 때까지 기다렸다. 어떻게 해야 흑인 다수를 만족시키고 백인 소수의 미래를 보장할 수 있을지를 염두에 두고 있었던 것이다. 당시만 해도 나는 전혀 몰랐다. 그렇지만 하느님은 아셨다. 그래서 행진도 가능했던 것이다.

시위와 결정, 모인 사람들은 결코 사람이 계획해서 될 일이 아니었다. 결과는 놀라웠다. 나는 기도 가운데 생긴 압력을 행동에 옮겼을 뿐이다. 계획 실행의 장애물도 눈앞에 보였다. 하지만 모든 일이 우연이라고 하기에는 믿기 어려울 정도로 착착 맞아떨어졌다. 윌리엄 템플 대주교가 말했듯이 "기도하면 우연이 일어난다. 기도하지 않으면 아무것도 일어나지 않는다."

누군가의 기도가 바로 그 우연을 일어나게 할 수 있다. 누구나 삶에서 '하느님의 압력'을 경험할 수 있다. 그 압력에 순종한다고 해서 수천 명을 이끌고 시가행진을 벌이거나 천안문 광장에서 탱크에 맞섰던 청년처럼 홀로 나서야 하는 건 아니다. 하느님이 주시는 압력에 순종하면 모두가 형통한 삶을 살도록 하는 데 좀 더 기여할 수 있다.

어쩌면 아직 하느님의 압력을 경험하지 못했을 수도 있다. 그렇다고 걱정하지 말라. 하느님이 우리에게 말씀하시는 방법은 다양하다. 우리가 기도하는 말로 대화하시기도 한다. 음포의 가족은 저녁에 모여서 〈주기도문〉을 암송하며 저녁기도회를 시작한다.

하늘에 계신 우리 아버지,

온 세상이 아버지를 하나님으로 받들게 하시며

아버지의 나라가 오게 하시며

아버지의 뜻이 하늘에서와 같이

땅에서도 이루어지게 하소서.

오늘 우리에게 필요한 양식을 주시고

우리가 우리에게 잘못한 이를 용서하듯이

우리의 잘못을 용서하시고

우리를 유혹에 빠지지 않게 하시고

악에서 구하소서.

나라와 권세와 영광이

영원토록 아버지의 것입니다.

아멘.

음포는 국기에 대한 맹세를 하듯이 외운 내용을 그대로 내뱉는 경우도 있었지만 보통은 한 단어, 한 구절, 한 부분에 집중했다. "저희에게 잘못한 이를 저희가 용서하듯이 저희의 잘못을 용서하시고" '내가 세운 용서의 기준이 과연 올바른 것일까? 그 기준에 맞아야만 나 역시 용서받을 수 있다면 나는 어떨까? 아직 용서하지 못한 우리 남편은 어떻게 해야 하나? 용서가 필요한 내 문제, 생각, 말과 행동들? 아이들에게 소리 지른 일도 용서받

수 있을까? 모임에서 혼자 머릿속으로 불평한 것도 용서받을 수 있을까?' 〈주기도문〉의 익숙한 기도 속에서 하느님은 우리의 논리적인 사고에 말씀하신다. 기도가 믿음을 형성한다고 말할 수 있다. 교리, 찬송, 성가, 기도시 등으로도 하느님은 말씀하신다. 별로 깊이 생각하지 않고 하는 익숙한 기도나 찬양으로도 하느님은 우리의 생각을 일깨우신다.

시간, 장소, 사람, 분위기도 하느님과의 대화에 중요하다. 하느님 또한 우리에게 다양한 방법으로 말씀하신다. 뜻밖에 열린 기회나 닫힌 기회는 새로운 방향으로 우리의 관심을 돌리게 하시는 하느님의 방법이다. 갑자기 떠오른 영감, 거부할 수 없는 압력, 사라지지 않는 단어나 생각 역시 하느님이 말씀하시는 방법이다. 양심의 가책, 살을 에는 듯한 비판으로도 하느님은 말씀하신다. 사람이 하느님의 사신(使臣)이 되어 하느님을 대신하여 우리에게 말하기도 한다. 천사(angel)라는 단어는 그리스어의 안겔로스(angelos)에서 유래되었다. 안겔로스란 전달자(messenger)를 뜻하는 히브리어 말라크(mal'ak)를 번역한 말이다. 안겔로스라는 단어는 '날개 달린 사자(死者)'라는 의미가 아닌 전달자를 뜻한다. 전달자는 인간일 수도 있고 신이 될 수도 있다. 기도의 습관은 우리가 날마다 듣고 선택하는 많은 목소리 중에서 무엇이 하느님의 음성인지 분별하도록 도와준다.

수많은 목소리 가운데 하느님 음성을 구별하는 것은 이 시대에만 필요한 일이 아니었다. 예수님도 제자들에게 목자의 비유를 들려주며 그들이 하느님의 음성을 알 수 있다고 말씀하셨다. 예수님 당시에는 마을의 양들을 한 울타리에 가두었다. 아침이 되면 목자들이 자기 양을 데리고 가서 풀을 먹이려고 울타리로 온다. 양들은 목자들의 목소리를 구별하여 자기 목자의 목소리를 듣고 따라간다. 기도 시간은 우리를 인도하시는 선한 목자의 음성에 익숙해지는 시간이다. 고요함이 사라지고 서두름이 우리 삶을 몰아치는 현대에도 우리의 관심을 빼앗으려고 소리치는 수많은 음성 속에서 우리를 부르시는 하느님의 음성을 구별할 수 있다.

우리의 관심을 얻기 위한 경쟁은 매우 치열하다. 우리 속에 있는 욕망의 목소리도 크다. 머릿속에는 직장상사의 끊임없는 요구가 웅웅거린다. 친구들과 가족의 목소리도 계속 머릿속에 울려 퍼진다. 우리의 소망, 기쁨, 분노, 공포의 소리도 요란하다. 이 모든 혼란 속에도 우리를 선함으로 인도하시는 조용하고 지속적인 음성이 있다. 하느님의 음성은 분명하다. 우리를 깎아내리거나 무시하지 않으며 우리에게 생명을 준다. 하느님의 음성은 생명과 선함을 위한 음성이다. 기도하면 그 음성에 우리의 주파수를 맞출 수 있다.

기도를 통해 선한 음성에 민감해질 수 있지만, 그 음성을 듣지 못하게 하는 습관들도 있다. 뱀의 유혹에 넘어가서 하느님의 명령을 무시했던 아담과 하와처럼 될 수 있는 것이다. 우리는 하느님의 음성을 무시하고 우리의 욕망과 감정의 잡음을 선택할 수도 있다. 돈과 권력의 유혹은 매우 현실적이다. 탐욕의 소리는 한 번 들으면 도저히 거부할 수 없을 만큼 유혹적이다. 최근에 발생한 세계적인 경제위기와 부패 스캔들이 이를 증명한다. 탐욕의 음성은 곧 두려움의 음성이다. 우리는 아직 충분하지 않다는 두려움 때문에 끊임없이 무언가를 축적한다. 우리가 절박하게 쌓은 재물과 재산은 하느님의 음성을 차단하는 방음벽이다.

선하신 하느님의 지혜는 모두가 함께 다 잘될 수 있음을 알려준다. 그러나 각 민족과 국가의 소란스런 요구는 이성의 목소리를 익사시킨다. 그래서 우리는 국방비로 엄청난 돈을 낭비한다. 세계의 국방비 예산을 일부만 사용해도 깨끗한 식수, 옷, 식량, 거처를 모든 사람이 누릴 수 있다는 진실을 우리는 외면하고 있다. 기후변화의 위협이 우리 모두의 문제가 되고 있는 와중에도 누가 먼저 탄소 배출을 감축해야 하느냐를 두고 목소리 높여 싸운다. 탐욕, 부족중심주의, 국수주의의 목소리에 귀를 기울이고 그것이 야기하는 권력욕에 탐닉한다면 우리를 선한 방향으로 이끄시는 하느님의 음성을 구별할 수 없다.

시끄럽게 떠드는 우리의 욕망은 다루기 어려운 유치원 아이들과 비슷하다. 서로 자기의 희망, 두려움, 야망, 꿈, 욕망을 남보다 크게 외쳐대느라 정신이 없다. 하느님의 음성은 훌륭한 교사와 비슷하다. 숙련된 교사는 조용히 하라며 큰 소리로 아이들을 압도하지 않는다. 오히려 소란 속에서 차분하고 조용한 음성으로 말한다. 조용한 음성과 손길, 눈길과 속삭임에 아이들은 호기심을 느끼며 귀를 기울인다. 소란스러운 우리의 생각과 감정 속에서 일관되게 들리는 고요한 음성이 바로 우리를 선으로 이끄시는 하느님의 음성이다.

우리는 걷잡을 수 없는 욕망을 좇으며 하느님의 음성을 무시할 수도 있고 기도의 습관을 통해 하느님의 인도하심을 더 온전히 들을 수도 있다. 하느님은 한결같은 동반자시며 우리 앞에 펼쳐진 수많은 길 가운데서 더불어 함께 잘되는 길을 고를 수 있도록 우리를 도와주신다. 기도로 우리를 이끄시는 인도자 하느님은 우리가 넘어지고 쓰러질 때마다 부드럽게 잡아서 일으켜주신다. 우리가 제 길에서 한참 벗어나더라도 바른 길로 들어설 수 있도록 인도해주신다.

기도는 우리의 삶을 향해 하느님의 인도하심을 듣는 시간이자 공간이다. 기도는 하느님이 사랑으로 용납하시는 음성을 들을 수 있는 최고의 공간이다. 다음 장에서는 하느님의 용납과 그 의미를 알아보겠다. 하느님의 용납하심을 가장 잘 보여주는 예가 조부모님에게서 받는 아낌없는 사랑이다. 내 경험을 바탕으로 설명하겠다.

그전에 잠시 침묵하면서 우리 마음에 말씀하시는 하느님의 음성에 귀를 기울여보자.

아이야, 내 음성을 알고 있니?

행복한 웃음소리

뛰어노는 아이들의 소리

자연의 노랫소리

가만히 멈추고 들어보렴.

바싹 마른 땅 위로 떨어지는 신선한 빗방울

풀밭에 불어오는 여름의 시원한 바람

바위에 부딪치는 세찬 강물

따뜻한 환영의 미소

부드러운 위로의 손길

기쁨의 눈물

억누를 수 없는 희망

모두 내 음성이란다.

네게 도전하는 사람들의 말 속에

내가 너에게 주는 사랑의 책망이 있단다.

네가 자랑스럽다는 사람들의 말 속에

내가 너에게 주는 진정한 축하가 있단다.

네가 옳은 일을 하면

나는 네 마음속에서 행복한 탄성을 지른단다.
네게 유혹이 다가오면
나는 네 영혼을 혼란스럽게 한단다.
네가 가야 할 길이 너무 멀고 힘들어 보이면
나는 "용기를 내"라고 속삭인단다.
네가 혼란에 빠지면
나는 "잠시 멈추라"고 말한단다.

아직도 내 음성을 듣지 못했니?
나는 정말 가까이 있단다.
네 호흡으로 숨쉬고
네 기도로 기도하지.
아직도 내 음성을 듣지 못했니?
멈추고 보렴.
보고 들으렴.
그래,
그게 나란다.

중요한 건 네 참모습으로 사는 거란다.

너의 베일을 벗고 선한 빛을 드러내는 거란다.

너는 나와 같이,

선을 위해 만들어졌단다.

11장
하느님의 눈으로 보기

나는 분만실에 앉아서 음포가 낳은 오날레나를 바라보았다. 아홉 살 큰손녀가 걸어오는 소리가 들렸다. 씩씩한 걸음이 병원 복도에 울려 퍼졌다. 아이는 흥분하며 소리쳤다. "동생이 생겼다. 동생이 생겼다!" 나이아니소는 신이 나서 방방 뛰었다. 아이의 눈은 내 품에 잠든 아기에게 고정되어 있었다. 나는 기뻐하는 아이에게 미소를 지었다. 동생이 태어난 기쁨을 주체하지 못하는 아이를 보면서 내 아들 탐산카가 태어났을 때의 내 모습이 떠올랐다. 나이아니소는 아기가 단어를 말하거나 걸음마를 떼지도 않았는데 그저 동생이 태어났다는 사실만으로 기뻐했다. 매 순간 아기들이 태어난다. 아기들을 볼 때마다 나는 무조건 사랑받고 용납받는 온전한 사랑의 아름다움을 새삼 느낀다. 아무런 노력과 수고도 들이지 않고 받은 무조건적인 사랑이 또 다른 아이에게 유업으로 전해진다. 아이는 첫 호흡을 하는 동시에 하느님의 사랑을 경험한다.

동생이 태어났다고 소리 지르며 기뻐하는 누나, 아들의 탄생에 기뻐하는 부모가 없더라도 하느님의 사랑은 우리가 태어나기 전부터 이미 존재했다. 첫 호흡을 할 때부터 우리는 이미 하느님께 용납받았다. 하느님의 용납을 인정하면 우리에게 본래 주어진 거룩함으로 살 수 있다. 선함으로 살 수 있다.

하느님의 용납을 받아들이고 완전히 이해하기는 어려울 수도 있다. 우리가 사람들에게서 받은 사랑과 용납을 통해 하느님의 용납을 조금이나마 알 수도 있지만, 우리가 하느님께 보여주거나 애쓸 일이 전혀 없음을 인정하기란 쉽지 않다. 우리는 있는 그대로의 모습으로 용납받았다. 가까운 사람들에게서 용납을 받으면 하느님의 용납을 신뢰하는 데 도움이 된다. 사랑하는 사람들에게서 받는 사랑도 하느님의 사랑을 신뢰하는 데 도움이 된다. 인간의 불완전한 사랑은 하느님의 완전한 사랑을 닮아 있기 때문이다.

아이들, 특히 십대 아이들에게 용납을 보여주는 사람은 바로 할머니, 할아버지다. 청소년기는 다양한 시험을 거치는 시기다. 무조건적으로 자신을 사랑해주는 누군가를 간절히 찾는 시기이기도 하다. 이때 할머니, 할아버지가 무조건적인 용납을 보여준다. 무조건적인 용납이 가능한 이유는 적절한 거리 때문이다. 나와 우리 손자들의 관계는 내가 아이들 부모와 갖고 있는 관계와 많이 다르다. 그들을 키우는 일은 내 책임도 아니다. 내가 할 수 있는 일이란 그저 아이들을 사랑하고 함께 기뻐해주는 일이다. 그 일은 매우 쉽다.

아이들과 간지럼을 태우고 노는 일도 어렵지 않다. 나는 내 안에서 기쁨을 찾기가 쉽다고 믿지 않았다. 하지만 그동안 감사하게도 많은 사람들이 나에게 하느님의 사랑을 '몸소' 보여주었다.

나에게 외할머니는 하느님의 사랑을 '몸소' 보여주신 분이다. 할머니는 날마다 잼을 가득 바른 빵을 내게 주셨다. 내가 결핵으로 입원했을 때는 매주 힘들게 병원에 오셨다. 여섯 살 때 다리에 심한 화상을 입었을 때는 날마다 병원에 오셨다. 나는 병원도 싫고 음식도 싫고 냄새도 싫고 병원에 있는 것 자체가 싫었다. 칭얼대는 나 때문에 다른 환자들에게 피해가 가서 어머니는 나를 예정보다 일찍 퇴원시켰다. 덕분에 외할머니는 집에서 나를 돌보느라 더 고생하셨다.

아내의 사랑과 용납도 결혼 기간 내내 큰 힘이 되었다. 용납받는 기분이 어떨지 상상할 필요가 없다. 이미 경험해보았으니 말이다. 누군가에게 사랑의 선물을 받아보았기 때문에 그 사랑을 다른 사람들에게도 줄 수 있다.

누군가의 무조건적인 용납을 받아보지 못했더라도 우리 스스로 자신에게 그 사랑과 용납을 베풀 수 있다. 사랑과 용납은 자신에게 줄 수 있는 커다란 선물이다. 당신이 얼마나 아름다운지, 하느님이 당신을 얼마나 소중하게 여기시는지도 스스로 깨달을 수 있다. 당신이 하느님께 얼마나 소중한 사람인지 알고 있는가? 하느님은 당신의 머리카락까지 세어두실 정도로 당신을 소중하게 여기신다. 당신의 이름을 손바닥에 새길 정도로 사랑하신다. 언제든지 지울 수 있게 펜으로 적으신 게 아니라 아예 새겨놓으셨다. 당신의 이름은 하느님의 손바닥에 **새겨져** 있다.

뜻밖의 상황에서 자기 인정을 경험한 사람들이 있다. 자기를 인정하면 참된 평안이 찾아온다. 나를 깊이 감동시킨 한 청년이 있는데 그의 이름은 도미니크 그린이다. 나와 친한 톰 카힐에게 소개를 받아서 알게 되었다. 도미니크는 사형수였다. 그는 열여덟 살에 강도 사건 중에 총격을 가했다는 혐의로 체포되었다. 자기가 총을 쏘지 않았다고 항변했지만 백인으로만 구성된 텍사스 주 배심원단은 그에게 유죄를 선고했다. 그는 사형수로 12년간 복역했다.

그는 투옥되기 전까지 18년간 또 다른 공포 속에서 살아왔다. 마약 판매상인 아버지와 알코올 중독에 매춘부인 어머니 사이에서 태어난 도미니크는 끝없이 이어지는 가난 속에 살았다. 어머니는 다중인격에 정신분열까지 앓고 있었고 아들을 학대했다. 모욕적인 언사와 육체적 폭력으로 아들을 괴롭혔다. 아들의 행동이 마음에 들지 않는다며 오른손을 잡더니 불길에 갖다 댔다. 아들을 때리고 고문하는가 하면 아들 손바닥에 담뱃불을 지지기까지 했다.

도미니크는 자신을 죽이겠다는 엄마의 협박을 피해 집에서 달아났다. 어머니가 총을 겨누고 방아쇠를 당겼으나 기적적으로 다치지 않았다. 당시 그의 나이 열다섯 살이었다. 나쁜 짓을 조금 해서 번 돈으로 곡물창고를 빌려서 살았다. 그렇게 창고에서 산 지 3년 정도 되었을 때 체포된 것이다.

그에게는 억울함과 세상에 대해 꼬인 마음을 가질 이유가 수없이 많았지만 결코 그러지 않았다. 감옥에 있는 동안 스스로를 사랑하게 된 것이다.

도미니크는 글을 쓰고 편집했다. 재소자들의 글을 모아 문집을 만들고 법도 조금 공부해서 다른 재소자들이 소송 준비하는 일을 도왔다. 책도 닥치는 대로 읽었다. 진실화해위원회에 대해 쓴 내 책 《용서 없이 미래 없다(*No Future Without Forgiveness*)》를 읽고 나서 그는 용서의 길을 가기로 결심했다. 그래서 자신을 모욕하고 부당하게 대했던 사람들을 모두 용서했다. 자신이 해를 입힌 사람들에게도 용서를 구했다. 그는 내 책을 다른 사형수들에게 권하면서 용서하라고 격려했다. 도미니크의 행동은 사람들을 감동시켰다. 그가 살인했다고 알려진 남자의 미망인과 자녀들은 도미니크 사건에 대해 관대한 처분을 호소하는 운동을 시작했다. 국제적인 노력에도 불구하고 도미니크는 2004년 10월 23일에 처형되었다.

들것에 몸이 고정된 채 치사주사가 몸에 퍼지기를 기다리는 동안 도미니크는 증인들에게 말했다. "저는 화나지 않습니다. 정의를 거부당했다는 사실이 실망스러울 뿐입니다." 그는 자신의 암울한 환경에도 불구하고 악한 삶을 택하지 않았다. 오히려 하느님의 자녀로서 유업으로 받은 선한 삶을 택했다. 자신의 본질이 선하다는 사실을 인정했다. 자기 자신을 용납한 것이다.

자기 인정을 위해 도미니크처럼 험난한 여정을 겪어야만 하는 건 아니다. 자기 인정의 열매인 평안은 누구에게나 열려 있다. 그 길은 기도와 고백으로 가능하다. 명상과 마음챙김도 자기 인정의 습관을 기르는 데 유용하다.

자기 인정의 습관을 들이면 온전한 삶이 가능하다. 자신의 연약함과 한계를 받아들이면 능력 밖의 일이나 할 수 없는 일에 대해 자책하지 않고 자신의 몸에 너그러워지며 자신에게 충실한 삶을 사는 방법도 배우게 된다. 한계를 인정하면 완벽한 삶에 대한 불안함도 떨쳐버릴 수 있다.

음포는 흠 없는 불안한 완벽함과 하느님의 온전한 완벽함의 차이를 알려주려고 하느님이 우리에게 아이들을 보내신 것 같다고 말했다. 갓난아이가 있는 부모라면 온전한 삶을 쉽게 경험할 수 있다. 깔깔거리면서 행복해하는 아기의 웃음소리는 부모의 마음도 행복하게 한다. 그러나 그런 삶이 결점 없이 완벽하기란 거의 불가능하다. 행복하게 웃던 아이는 갑자기 토한다. 그리고 또다시 웃는다. 아이가 토하며 괴로워하는 모습을 보면 흠 없이 완벽한 삶이라는 생각이 싹 사라진다. 선배 엄마들은 초보 엄마들에게 아기를 낳고 처음 몇 달간은 중요한 일이 아니면 크게 연연하지 말라고 충고한다. 이것저것 챙겨야 할 것투성이인 새 가족이 생겼으니 출산 이후 한동안은 흠 없이 살기가 불가능하다. 물론 이처럼 반드시 기저귀를 치우고 밤잠을 설치면서 토한 아이 닦아주는 일을 해야만 온전한 완벽함과 흠 없는 완벽함의 차이를 알 수 있는 것은 아니다.

온전함으로 이어지는 거룩한 완벽함과 인간의 실패 경험은 반대가 아니다. 우리는 실패했을 때 하느님과 가장 가깝다. 세상에서나 친밀한 관계에서나 마찬가지다. 예를 들어 우리는 아이들이 듣기 싫어하더라도 "안 된다"라고 말함으로써 부모라는 역할에 충실한다. 아이들의 반항은 부모에게 실패로 느껴진다. 그러나 하느님은 믿음을 지키면서 자녀를 양육하려는 우리 곁에서 우리를 도우신다.

성실한 실패는 거룩한 성공의 토양을 기름지게 하는 자양분이다. 성실한 실패란 종교 행위가 아니고 믿음을 가진 사람들만 할 수 있는 행동도 아니다. 성실한 실패는 성공 여부와 상관없이 선함에서 시작된 행동이다.

1990년 민족민주동맹(NLD)은 버마 총선에서 의석수의 82퍼센트를 차지했다. NLD의 지도자 아웅 산 수 치 여사가 총리 자리에 오를 거라고 모두가 예상했으나 군부는 수 치 여사를 가택연금시켰다. 1991년에는 노벨평화상을 수상하고도 정부의 허가를 받지 못해 오슬로에 가지 못했다. 그녀의 아들 알렉산더와 킴이 대신 참석했다. 1995년에 가택연금이 해제되었으나 정부는 그녀가 영국인 남편 마이클 에어리스를 만나기 위해 출국한다면 재입국을 허용하지 않겠다고 통보했다. 남편은 1990년에 전립선암을 선고받았다. 1995년에 아내를 만나기 위해 비자를 신청했으나 연거푸 거부당했다. 그는 결국 아내를 만나지 못하고 1999년에 사망했다. 영국에 사는 아이들도 입국 허가를 받지 못하는 상태다.

수 치 여사는 1990년부터 여러 차례 투옥되고 계속 가택연금을 당했다. 2002년에 가택연금이 해제되었지만 새 군정이 다시 기간을 연장하는 바람에 2003년부터 다시 가택연금되었다. 2009년에는 한 미국인 남성이 호수를 헤엄쳐 건너서 수 치 여사의 집에 잠입한 사건이 있었다. 이로 인해 수 치 여사는 가택연금 규정 위반으로 재판에 회부되었다. 당국은 미국인 존 예토를 사건의 주범으로 확인했으나, 2009년 8월 11일 수 치 여사에게 징역 3년과 강제노동형을 선고했다. 다행히도 선고 직후 가택연금 18개월 형으로 형량이 낮춰졌다. 이 가냘픈 여성은 개인적 상실감과 국가적 비극에도 불구하고 군정에 맞서 꿋꿋이 싸우고 있다. 그녀는 이렇게 말한다. "진정한 감옥은 두려움이며 진정한 자유는 두려움으로부터의 자유다."

지금까지의 역사적 증거로 볼 때 민족에게 평화와 안정과 민주주의를 가져오기 위해 노력한 아웅 산 수 치 여사의 모든 수고는 실패로 돌아갔다. 그러한 실패는 남아공 사람들이 충분히 경험한 일이다. 돌이켜보면 아파르트헤이트의 종식은 당연한 일이었으나, 현실의 고통에 가려서 미래의 밝은 희망이 한동안 보이지 않았다. 인종차별 없는 선거가 있은 지 이제 20년이 다 되어간다. 아파르트헤이트의 폭력을 모르는 세대가 생겨나고 젊은이들은 유색인 신분증, 최루탄, 만델라 구명운동을 기억하지 못한다. 힘겨운 아파르트헤이트 시절을 겪은 사람들조차도 자유의 길을 여는 데 발판이 되었던 성실한 실패들을 일일이 기억하지는 못한다.

우리는 오랜 경험을 바탕으로 자신 있게 말할 수 있다. 버마의 민주화운동이 지금 당장은 실패라 하더라도 그 실패는 잠시뿐이다. 아웅 산 수 치 여사가 군사독재 정권을 극복하려고 했던 모든 시도가 실패했지만 각각의 실패는 성실한 실패였다. 용기와 선함에서 우러난 실패였다. 그 실패는 궁극적으로 얻게 될 성공의 토양을 다지고 있다. 수 치 여사가 추구해온 목적이 모든 국민들 속에 살아 있으므로 그녀는 이미 승리했다. 이미 이긴 것이다. 아파르트헤이트로 어두웠던 시절 우리가 백인 정부에게 했던 말을 버마의 군사정권에게 하고 싶다. "이기는 편에 참여하라. 민주화운동에 동참하고 이기는 편에 참여하라!"

 이기는 편에 참여하라는 것은 정치권에만 해당되는 것은 아니다. 자신을 선함으로 인도하는 것은 모두 이기는 편이다. 누구든 자신의 삶에서 성실한 행동을 실천할 수 있다. 우리 존재의 본질인 선함에서 우러나와 행동하기로 선택할 수 있다. 성공이라는 막연한 목표 때문이 아니라 거룩한 완벽함에 도달하기 위해서다. 지금 당장, 죽기 전에, 현 세대에서 성공하는 것은 중요하지 않다. 성실히 노력했느냐가 중요하다.

 어떤 상황에서든 우리는 선함을 택할 수 있다. 우리는 자주 이렇게 질문한다. "내 최고의 자아가 할 수 있는 대답이 무엇일까? 내 최고의 자아가 할 수 있는 행동이 무엇일까?" 이 질문을 생각하면 험난한 결혼 생활도 헤쳐 나갈 수 있다. 질풍노도의 사춘기를 뚫고 지나가는 데도 도움이 된다. 폭력이나 실망에 반응하거나 무엇을 취하고 무엇을 버려야 할지를 선택하는 잣대로도 사용할 수 있다. 성공만을 추구하는 일을 멈춘다면 삶에 선함이 드러나며 타인의 선함도 알아차릴 수 있다.

 심지어 우리에게 화를 내거나 상처를 주는 사람들, 우리가 용서해야 하는 사람들에게서도 선함을 발견할 수 있다. 그들에게서 받은 상처 뒤에 숨은 선함을 알면 그들을 용서하고 다시 받아들일 수 있다. 인간이라는 한 가족의 일원으로 그들을 받아주는 것이다.

용서가 힘들다는 건 나도 안다. 불가능해 보일 때도 있다. 의지로 할 수 있는 일은 아니다. 용서한다고 했지만 우리 마음이 아직 준비가 되지 않았을 수도 있다. 그러나 상처와 분노를 붙들고 있으면 짐이 된다. 모욕으로 인해 생긴 고통은 마음속에서 기쁨이 있어야 할 자리를 차지한다.

음포는 수련회에 모인 사람들이 용서와 자유를 얻도록 이런 방법을 사용한다. 먼저 참가자들에게 돌을 하나씩 집으라고 한다. 돌은 어느 정도 무게와 질감이 있어야 좋다. 클 필요는 없지만 손바닥에 쉽게 올릴 만한 크기여야 한다. 하루 동안 돌을 가지고 다니면서 화난 경험을 최대한 기억해서 돌에게 말한다. 상처가 떠오를 때마다 돌을 붙잡고 생각과 감정을 털어놓는다. 하루가 끝나면 경건한 장소에 돌을 내려놓는다. 교회 마당도 좋고 좋아하는 나무 아래나 강가도 좋다. 돌을 내려놓으면서 지금까지 짊어졌던 상처의 짐도 내려놓는다. 짐을 안전한 곳에 두었으므로 필요하면 다시 가져갈 수도 있지만 짐을 지고 다닐 필요가 없다는 사실을 깨닫는다. 이처럼 고통의 짐을 내려놓는 것은 선함으로 돌아가는 한 방법이다. 명령에 따른 복종이 아니라 자신에게 주는 선물이다.

검지를 까닥거리면서 강요한다고 해서 우리 마음에 용서의 씨

앗이 뿌리내리지 못하는 것처럼 우리는 자신을 강제로 선함으로 이끌 수 없다. 물론 '선한 사람(being good)'이 되도록 인도할 수는 있지만 선함과 선한 사람은 다르다. '선한 사람'과 '선한 행동'은 우리가 온전함이라고 부르는 선함과 같지 않다. 토론토에서 촬영했으면서 뉴욕 시라고 보여주는 영화 장면을 본 적이 있는가? 비슷하기는 하지만 같지는 않다. 우리가 말하는 선 또한 '선한 사람'이나 '선한 행동'과 비슷하지만 같지 않다. '선한 사람'과 '선한 행동'은 매우 까다로운 의무를 요구하지만 선함은 그 자체가 기쁨이다. 쉽거나 행복을 보장하지는 않지만 선함은 진정한 기쁨이다.

'선한 행동'의 까다로운 의무는 우리가 성공을 이루어 하느님을 감동시킬 필요가 없다는 사실을 깨달을 때 사라진다. 자신의 선함을 진심으로 깨달으면 하느님의 인정을 얻으려고 노력하지 않아도 된다. 이미 사랑받고 용납받은 존재이기 때문이다. 자신이 용납받았음을 인정할 때 삶은 달라진다. 자신을 구속하던 두려움의 올가미에서도 벗어날 수 있다.

자신을 용납하면 그동안 자기 안에 내재되어 있던 부정적인 속성들, 탐욕, 나태, 분노, 질투가 정체를 드러낸다. 두려움으로 가장한 그것들을 발견한다. 충분하지 않다는 두려움 때문에 우리는 계속 쌓아둔다. 무일푼에 대한 두려움을 더 많은 물건으로 해소하고자 계속 사들인다. 자신의 무능력이 드러날까 봐 일처리를 미루고 게으름을 피운다. 시도하지 않았으니 실패하지도 않았다며 몸을 숨긴다. 혼란스럽고 상처받고 걱정되고 자격이 없다는 사실을 인정하기 싫어서 화를 낸다. 뒷자리에 앉은 아이들과 자신의 안전에 대한 두려움을 인정하기보다는 갑자기 끼어든 운전자를 향해 고래고래 소리를 지른다.

배우자나 친구에게 화가 나거든 스스로 이렇게 질문해보자. '내가 무엇을 두려워하고 있는가?' 남편이 옳다고 인정하면 관계에서 힘이 밀릴까 봐 두려운가? 스스로 잘못했다고 인정하면 따돌림당할까 봐 두려운가? 그들에게서 너무 많은 요구를 받거나 그들이 아무 요구도 안 할까 봐 두려운가?

부인하거나 도망치려고 하면 두려움이 실제보다 크게 보인다. 그러나 두려움에 직면하면 두려움은 그 이상으로 변형되지 못한다. 두려움이 생기는 것을 곧바로 지적하면 그것은 우리가 처리할 수 있는 크기로 줄어든다. 또한 자신의 두려움을 분별하면 다른 사람이 가진 동일한 두려움을 알 수도 있다. 그러면 사람들이 비슷한 두려움을 갖고 있음을 깨닫는다. 이 깨달음은 인간관계를 좀먹는 질투를 쫓아버린다. 우리는 다른 사람이 사랑받고 박수와 인정을 받으면 우리에게 돌아올 사랑과 박수와 인정이 없어질까 두려워 질투한다. 그러나 모두를 위한 인정의 공간은 충분하다. 모두가 충만한 삶을 사는 데 필요한 물질도 충분하다. 모두를 충만하게 하는 일에 참여하려면 우리 각자가 인류라는 공동체로 연결되어 있음을 알아야 한다. 하느님은 모든 사람 안에 거하신다.

상당히 급진적인 말이다. 하느님은 모든 사람 안에 거하신다. 우리가 인식하지 못하더라도 모든 사람 안에 거하신다. 이 말은 혁명적이기도 하지만 모든 것의 기본이라는 측면에서 급진적이다. 최고로 악한 인간이라 할지라도 결코 변하지 않는 진실이다. 우리 안에 하느님이 거하시는 자리는 결코 파괴되지 않으며 그렇기 때문에 우리는 그 누구도 포기할 수 없다. 과연 견딜 수 있을까 싶을 만큼 심한 상처를 입은 사람들이 완전히 무너지지 않는 이유도 알고 보면 자신이 그 고통 이상의 존재라는 사실을 알기 때문이다.

소웨토의 아이들은 자신들이 겪어야 하는 일 이상의 존재임을 알고 있었다. 13~16세의 아이들은 1976년에 반투교육법에 반대하며 시가행진을 벌였다. 반투법은 학생들을 파멸시키기 위해 고안된 제도였다. 학생들을 종으로 만드는 게 목적이었다. 스스로 생각하지 못하고 시키는 대로만 하고 아첨하는 노예로 만들기 위한 제도였다. 아이들은 이 제도의 사악함에 들고 일어났다. 무조건 굴복해야 하는 순간에도 그들은 굴복하지 않았다. 겁쟁이처럼 숨을 수 없었다. 그들은 하느님이 뜻하신 교육이 무엇인지 알고 있었다. 아이들은 자신이 훨씬 더 나은 사람으로 만들어진 존재임을 알았고, 훨씬 중요한 사람으로 만들어진 존재임도 알았다. 그 무엇도 그러한 확신을 억누르거나 없앨 수 없었다. 그 무엇도 파괴하지 못했다.

하느님은 우리 안에 거하신다. 이는 우리의 존재를 규정하는 중요한 사실이다. 우리는 하느님의 형상으로 지어진 피조물이며 우리 존재의 중심에는 선함이 있다. 그렇다 해서 죄의 존재를 부인할 수는 없다. 죄도 현실이다. 타락과 폭력도 현실이다. 악은 분명히 존재한다. 그러나 죄, 폭력, 악은 우리의 본성이 아니다. 그것들은 일탈행동일 뿐이다. 정상적인 행동은 선함이다. 악행은 창조의 행동과 충돌한다. 악은 우리가 이미 잘못과 폭력으로 알고 있는 일을 하기 위해 정당한 이유를 대야 하기 때문에 우리의 본성과도 반대이다. 우리는 스스로를 합리화하고, 변화시키기엔 힘이 없다고 주장한다. 만연한 학살을 예방하려면 폭력이 불가피하다며 고문을 정당화한다. 가난한 나라의 전염병과 기근을 외면한다. "우리가 관심이 없는 게 아니라 그렇게 심각한지 몰랐을 뿐이다." "우리가 어찌할 수 있겠는가?"라면서 행동하지 않은 것에 대한 불안을 합리화한다. 그러나 선함은 우리의 토대이다.

북아일랜드의 어느 학교에서 만난 여학생들을 보며 그 사실을 확인했다. 학생들은 선함이 인간의 기본 자질임을 알고 있었다. 폭력과 악의는 인간의 필수 자질이 아니라 일탈행동이다.

2001년 11월 나는 벨파스트의 홀리크로스 학교를 방문했다.

당시에는 신구교도 간의 갈등이 심각했다. 나는 양측 지도자들에게 북아일랜드 국무장관실로 이용되던 스토몬트 의사당에서 만나자고 제안했다. 그러나 양측 모두 상대 대표가 참석하지 않아야만 나오겠다고 했다. 양측의 적개심을 분명히 알 수 있었다. 나로서는 처음 겪는 상황이었다.

나는 구교인 신페인당의 당수 게리 아담스와 면담하면서 그 자리를 마련한 개신교 가정에게 그를 이렇게 소개했다. "매우 따뜻하고 매력적인 분입니다." 그 가정의 부모들은 아무 말도 하지 않았다. 그러나 어른들이 했던 말을 기억했는지 아이들 중 한 명이 이렇게 말했다. "저 아저씨 재수 없어요. 악마예요."

아이들도 어른들과 마찬가지로 공포를 경험한다. 그들도 나름의 걱정이 있고 어른들이 걱정하면 같이 걱정한다. 심지어는 깊이 생각해보지도 않고 어른들의 의견을 무조건 받아들인다. 어른들과 마찬가지로 아이들마저 판단력이 흐려질 수 있다. 그런데 홀리크로스 학교의 학생들은 달랐다.

내가 학교로 초청된 이유는 등교하는 아이들에게 무장경호원이 필요한 상황이었기 때문이다. 무엇 때문에 학교가 봉쇄되었는지는 모르겠지만 다섯 달 동안 이 초등학교에 다니는 구교 아이들은 성난 신교 어른들 사이를 통과해야 했다. 시위대는 과격한 언사를 퍼붓고 욕설도 했다. 심지어 오줌이 담긴 풍선까지 던졌다.

나는 학교에 가면서 아이들이 정신적 충격과 분노 속에 있을 거라 예상했다. 그러나 아이들은 정신적 충격과 거리가 멀어 보였다. 여느 초등학생들과 다를 바 없었다. 아침에 어른들이 퍼붓는 욕설을 들었음에도 여전히 아이들은 기뻐했다. 서로 쿡쿡 찌르고 킥킥대고 꼼지락댔다. 아이들은 나를 위해 노래를 준비했다. 〈주여 나를 평화의 도구로 사용하소서〉라는 성가였다. 어른들은 보는 눈을 상실한 상태였다. 그들은 어린아이들 속에 계신 하느님을 보지 못했다. 그러나 아이들은 하느님의 눈을 가지고 있었다. 그들은 증오에 증오로 맞서지 않고 추한 행동 너머 어른들의 공포 속에 감춰진 선함을 보았다.

비인간적인 공포 안에는 선함이 있다. 인내심과 기술이 있으면 그 선함을 찾을 수 있다. 나는 남아프리카공화국에서도, 북아일랜드에서도 이를 경험했다. 2001년의 아일랜드에서는 공포와 살벌한 증오를 목격했지만 이후 아일랜드는 전혀 달라졌다. 구교 신페인당의 마틴 맥기네스와 신교 민주연합당의 이안 페이슬리가 협상 테이블에 앉으리라고는 상상도 하지 못했다. 그러나 나는 그들이 농담을 나누는 모습을 보았다. 그 둘이 함께 웃는 모습은 그들이 볼 수 있는 능력을 되찾았다는 신호였다. 하느님이 우리 모두 안에 항상 거하시기 때문에 언제나 희망은 있다. 우리의 눈을 가리고 있던 비늘이 벗겨져서 언젠가는 하느님이 보시는 것처럼 우리도 보게 될 것이다. 기도하면 그 비늘이 훨씬 빨리 벗겨진다.

  앞 장에서 하느님의 음성을 듣는 방법으로서 기도를 설명했다. 바로 그거다. 우리는 기도 안에서 우리를 인도하고 지시하시는 하느님의 음성을 듣는다. 또한 기도 안에서 우리를 용납하시는 하느님의 음성을 듣는다. 얼마나 놀라운가. 우리는 이미 사랑받고 용납받았다. 하느님은 우리의 선함을 알고 계신다. 우리가 기도할 때 듣는 하느님의 음성은 우리를 지적하는 부모의 잔소리가 아니다. 우리를 오래전부터 사랑하시는 분의 음성이다. 아직 우리가 존재하기 전에 이미 우리를 알고 사랑하신 분의 음성이다. 하느님은 우리의 존재 자체를 사랑하신다. 우리가 성장하는 모습도 사랑으로 바라보신다. 기도는 하느님이 바라보시는 방법을 배우는 도구다.

  기도하면서 우리는 하느님이 우리를 보시는 눈으로 우리 자신을 볼 수 있다. 우리의 참된 자아를 바라보기 시작하는 것이다.

  하느님의 눈에 죄는 우리의 진짜 자아가 아니다. 선함이 진짜다. 우리는 처음부터 하느님과 멀어진 죄인이 아니다. 우리는 창조의 세계를 함께 누려야 하는 존재다. 하느님의 모습대로 만들어진 하느님을 닮은 존재다. 하느님의 풍성한 사랑으로 만들어졌으며 하느님의 기쁨을 위해 만들어졌다. 그런데 우리에게는 선택권이 있다. 어떤 선택을 하느냐에 따라 하느님으로부터 멀어져서 죄를 짓기도 한다. 그리스도인이 하느님께 가는 길을 발견하는 일은 자기계발 프로젝트가 아니다. 예수 그리스도는 온전함과 구원의 치유를 위한 우리의 소망이다. 그 소망은 이미 성취되었다. 그렇기 때문에 우리가 진짜 누구인지를 알라고 말씀하시는 것이다. 우리는 하느님께 사랑받는 존재다.

때로는 하느님이 우리를 보시듯 우리 자신을 바라보기가 어렵다. 하느님의 사랑의 눈을 상상하기가 불가능할 때도 있다. 누군가에게 사랑의 눈길을 받아본 기억이 없는 사람도 있을 것이다. 언제나 비판적이고 판단하고 거부하며 관심 없는 눈길만 받았을 수도 있다. 그러나 하느님의 눈길은 다르다. 하느님의 눈길은 부드럽게 서로를 감싸 안은 사랑하는 연인들의 시선을 닮았다. 하느님은 갓 태어난 아기를 바라보는 어머니처럼 사랑으로 우리를 보신다. 어머니와 아기가 주고받는 사랑의 시선을 떠올린다면 하느님의 사랑의 시선이 느껴질 것이다. 그 사랑의 시선에 생각을 고정하고 오래도록 그 시선을 받아보라. 그러면 우리를 향한 하느님의 사랑의 눈길을 경험할 수 있다. 하느님의 용납을 경험한 사람은 이제 자신의 선함과 아름다움도 받아들인다. 자신의 아름다움을 볼 때마다 다른 사람들이 가진 선함과 아름다움이 보인다.

이렇게 보는 것이 왜 중요할까? 어떤 변화가 생길까? 세상의 모든 것이 달라진다. 하느님의 사랑의 눈길로 우리가 원수라고 부르는 사람들을 본다면 어떨까? 그들을 어떻게 대하게 될까?

우리가 온전히 사랑하지 못하는 사람들은? 하느님의 눈으로 본다면 무엇을 보게 될까? 우리의 관심이 닿지 않는 사람들을 보게 될까? 포주, 매춘부, 수감자, 마약 밀매상, 정신이상자, 불법 이민자, 테러리스트, 인종차별자, 동성애 혐오자에게도 하느님의 사랑의 눈길이 미친다. 하느님의 사랑은 우리 모두를 향한다. 마약을 판매하는 밑바닥 인생들이나 악취가 진동하는 노숙자들일지라도 우리가 바라볼 눈만 있다면 우리 모두에게 보내는 하느님의 눈길을 느낄 수 있다. 하느님은 눈부신 거룩한 영광 속에 몸을 숨기시지만 우리가 제대로만 본다면 볼 수 있다.

하느님의 눈으로 우리의 원수들을 바라보면 그들의 실제 모습이 눈에 들어온다. 표현할 수 없는 상처와 증오, 분노가 그 안에 가득하다. 그들도 우리처럼 소망과 사랑과 웃음과 피와 눈물이 있는 하느님의 모습대로 만들어진 사람이라는 사실이 보인다. 하느님의 눈으로 보면 우리 아이들의 모습도 보인다. 실수와 잘못, 숙제와 심부름을 깜빡하는 뒤죽박죽인 아이들이 하느님이 주신 은혜와 경이의 선물이며, 거룩한 상상력을 품은 학자이며, 우리를 하느님께 이끄는 교사로 보인다. 하느님의 눈으로 우리 자신의 참모습도 보게 된다. 교만하고 부족하고 한계와 편견이 가득한 우리의 모습이 보인다. 그러나 우리는 구원이 필요한 죄인이 아니라 하느님을 바라봐야 하는 성도라는 사실을 새삼 깨닫는다. 우리는 모두 선하다. 보통 선한 것이 아니라 매우 선하다. 우리는 무엇과도 비교할 수 없는, 창조주 하느님께 귀한 존재다. 아주아주 선하다.

잠시 침묵하면서 우리 마음에 말씀하시는 하느님의 음성에 귀를 기울여보자.

너는 나의 아이란다.

내 사랑하는 아이야.

너로 인해 나는 참으로 기쁘구나.

내 옆에 서서 너 자신을 보거라.

내 눈을 빌리면 너를 온전하게 볼 수 있지.

내 눈으로 봐야지만 볼 수 있지.

네가 저지른 잘못과 완성하지 못한 선행

하지 말았어야 하는 말들

해야 했는데 하지 않은 말들

네가 준 상처들

내밀지 않은 도움의 손길

이 모두가 내 삶의 전부는 아니야.

네가 이루지 못한 일이 너를 정의하거나

네가 거둔 성공이 너의 가치를 결정하지 않는단다.

너는 처음 호흡하기 전부터 이미 귀한 존재였단다.

드레스와 장신구 없이도 아름다운,
뼛속까지 선한 존재란다.

이제 드러낼 때가 되었구나.
실패의 두려움 속에 있는 선함을 드러내라.
외면당할까 봐 칭찬을 억제하고
미소를 숨기고
웃음을 참고
도움의 손길을 집어넣고
분노를 참는구나.
학대와 고통에 처한 사람들이 보이는데도
너는 능력이 충분하지 않고
문제를 해결할 수 없고
고통을 달랠 수 없고
상황을 바로잡을 수 없다고 말하는구나.
네가 바로잡지 못해도 괜찮아.
네가 산을 옮기지 못해도 괜찮아.
결코 문제가 되지 않아.
중요한 건 네 참모습으로 사는 거란다.
중요한 건 너의 베일을 벗고 선한 빛을 드러내는 거란다.
중요한 건 내가 만든 대로 사는 거란다.

중요한 건 네가 나를 위해 만들어졌다는 거란다.

너는 나와 같이,

선을 위해 만들어졌단다.

감사의 글

"씨 스웰레 이밀로모." 감사하자니 입이 열 개라도 모자랍니다. 감사하고 싶은 사람이 너무 많습니다. 최대한 많은 분들에게 감사를 전하기 위해 최선을 다해보겠습니다.

먼저 편집자이자 글쓰기 코치인 더글러스 에이브럼스의 탁월한 능력과 감성에 감사하고 싶습니다. 더글러스는 원고를 수없이 읽고 훨씬 나은 글이 나오도록 조언을 아끼지 않았습니다. 우리가 쓴 말을 잘 다듬어준 그에게 감사드립니다. 이 작업이 완성되기까지 그의 도움이 컸습니다. 무엇보다도 우리에게 보여준 우정과 헌신 그리고 그의 선함에 감사하고 싶습니다.

훌륭한 에이전트이자 놀라운 선견지명을 보여준 린 프랭클린을 주신 하느님께 감사드립니다.

하퍼원 출판사의 마크 타우버는 이번 작업에 대한 비전을 품고 우리에게 지원을 아끼지 않았으며, 훌륭한 편집자 미키 모들린은 뛰어난 통찰력으로 우리의 글을 향상시켜주었고 속독 능력을 발휘하여 원고를 마감시간까지 맞출 수 있게 도와주었습니다.

마크와 미키에게 감사합니다.

우리의 버팀목이 되어준 영국 에이전트 메리 클레미와 라이더·랜덤하우스UK의 발행인 주디스 켄드라에게 감사합니다.

음포와 내가 생각하고 대화하고 기도하며 손자들과 놀 수 있는 공간을 허락해준 페처연구소 분들에게도 감사를 표합니다.

음포는 카산드라 고드와 그녀의 남편 에릭 베터 산체스 그리고 그들의 자녀에게 감사를 전합니다. 음포와 아이들이 사우스파크에서 뛰어놀 기회도 주고, 글을 쓰는 한 달 동안 차를 빌려주었습니다.

웬트너에서 잠시 쉬는 동안 글을 꼼꼼하게 읽고 고쳐준 음포의 대부 마틴 케넌에게도 감사드립니다.

리치몬드힐 커뮤니티의 캐런 무어는 음포를 위해 리치몬드힐에 방을 마련해주었으며 음포가 글도 쓰고 쉴 수 있도록 음포와 가족에게 노스캐롤라이나의 핫스프링스에 숙소를 마련해주었습니다. 감사드립니다.

음필로 미니스트리의 직원들과 데스몬드 투투 평화재단의 동료들에게도 감사를 전합니다.

음포는 글을 쓰는 동안 정신이 혼란스럽지 않도록 기본적인 일뿐만 아니라 친구처럼 언니처럼 잘 도와준 니콜 프레스턴 루크에게 진심으로 감사를 전합니다. 그리고 음포가 없는 동안 투투 기도순례협회에서 일을 맡아준 다이앤 번에게 감사합니다.

우리 손자들을 보살펴준 사람들에게 천국에 특별한 자리가 있으리라 믿습니다. 언제나 상냥하게 사랑으로 함께해준 매기 프리에토 부인에게 감사합니다. 여름 동안 아이들과 함께해준 '미스 마리아' 마리아 퀸에게 감사하며 우리에게 필요한 공간을 제공해주고 아이들까지도 신경 써준 페처연구소 분들에게 다시 한 번 감사드립니다. 최고의 분들입니다.

음포와 나는 이 책이 나오기까지 아낌없이 도와준 우리 가족과 친구들에게 감사합니다.

음포가 작업하는 동안 집 안을 잘 지켜준 조, 나이아니소, 오날레나에게 고맙습니다. 가끔씩 피곤한 엄마를 데리고 나가서 무지개도 보고 진흙탕에서 놀고 껑충껑충 뛰어놀고 즐겁게 해준 아이들도 제 역할을 톡톡히 했습니다. 음포는 언제나 기댈 수 있는 든든한 반석이자 상처를 막아주는 버팀목이자 샘솟는 지혜를 가진 남편 조에게 감사를 전합니다.

그리고 지금까지 사랑과 지혜로 함께해준 레아와 로로에게 감사합니다.

마지막으로 음포가 감사의 말을 남깁니다.

엄마, 제게 여성으로서 어머니로서 사는 법을 가르쳐주셔서 감사해요. 아빠와 함께 사제가 되는 법을 가르쳐주셔서 감사해요. 아빠, 함께 시간을 보내고 글을 편집하며 작업할 기회를 주셔서 감사해요.

선하게 태어난 우리

초판 1쇄 인쇄 2012년 7월 27일
초판 1쇄 발행 2012년 8월 3일

지은이 | 데스몬드 M. 투투, 음포 A. 투투
옮긴이 | 장택수
펴낸이 | 한 순 이희섭
펴낸곳 | 나무생각
편집 | 김소라
디자인 | 이은아
마케팅 | 김종문 이재석
출판등록 | 1998년 4월 14일 제13-529호
주소 | 서울특별시 마포구 서교동 475-39 1F
전화 | 02)334-3339, 3308, 3361
팩스 | 02)334-3318
이메일 | tree3339@hanmail.net
홈페이지 | www.namubook.co.kr
트위터 ID | @namubook

ISBN 978-89-5937-284-3 03230

값은 뒤표지에 있습니다.
잘못된 책은 바꿔 드립니다.